大展好書　好書大展
品嘗好書　冠群可期

大展好書　好書大展
品嘗好書　冠群可期

老拳譜新編39

拳劍指南

國術研究會 編著

大展出版社有限公司

策劃人語

本叢書重新編排的目的，旨在供各界武術愛好者鑒賞、研習和參考，以達弘揚國術，保存國粹，俾後學者不失真傳而已。

原書大多為中華民國時期的刊本，作者皆為各武術學派的嫡系傳人。他們遵從前人苦心孤詣遺留之術，恐久而湮沒，故集數十年習武之心得，公之於世。叢書內容豐富，樹義精當，文字淺顯，解釋詳明，並且附有動作圖片，實乃學習者空前之佳本。

原書有一些塗抹之處，並不完全正確，恐為收藏者之筆墨。因為著墨甚深，不易恢復原狀，並且尚有部分參考價值，故暫存其舊。另有個別字，疑為錯誤，因存其真，未敢遽改。我們只對有些顯著的錯誤之處做了一些修改的工作；對缺少目錄和編排不當的部分原版本，我們根據內容進行了加工、調整，使其更具合理性和可讀性。有個別原始版本，由於出版時間較早，保存時間長，存在殘頁和短頁的現象，雖經多方努力，仍沒有辦法補全，所幸者，就全書的整體而言，其收藏、參考、學習價值並沒有受到太大的影響。希望有收藏完整者鼎力補全，以裨益當世和後學，使我中華優秀傳統文化傳承不息。

為了更加方便廣大武術愛好者對老拳譜叢書的研究和閱讀，我們對叢書做了一些改進，並根據現代人的閱讀習慣，嘗試著做了斷句，以便於對照閱讀。

由於我們水準有限，失誤和疏漏之處在所難免，敬請讀者予以諒解。

拳劍指南

健身强國 技術新書

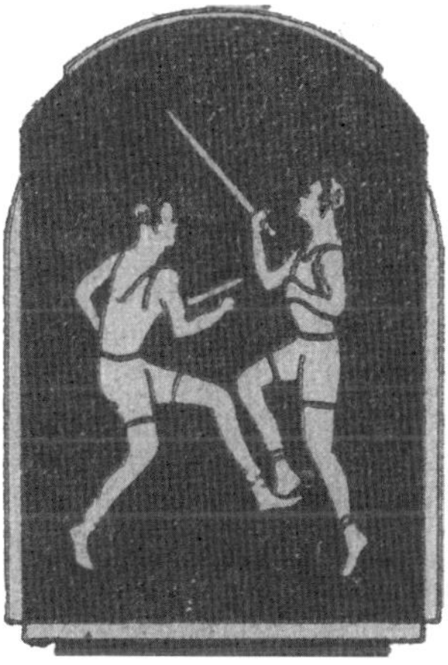

上海春明書店印行

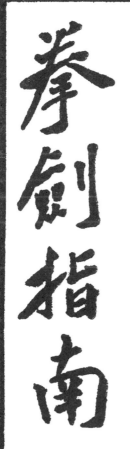

拳劍指南

蔡元培

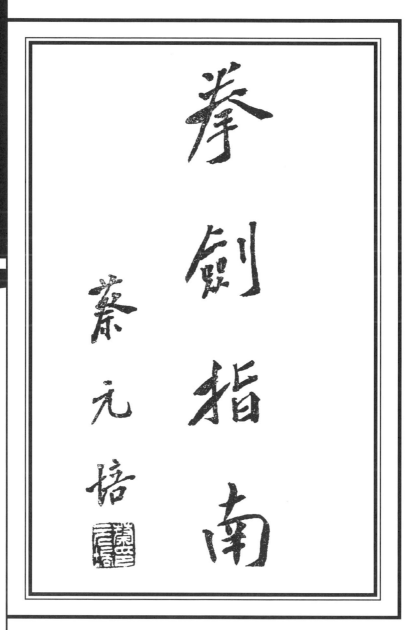

自強不息

于右任

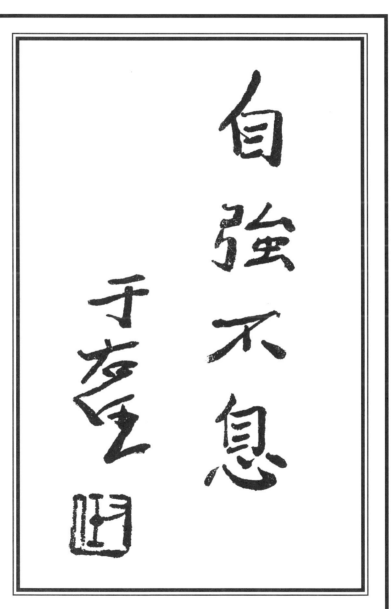

序一

天下事假於物者，有窮本諸身者可恃，故聖賢學以為己，而好勇之士，即以練心練膽練手足耳目、進退趨避，角勝於爭競之場，取不盡而用不竭，此武術所由尚也。

唐李靖曰：自達摩師遺留天竺易筋經於少林寺，寺僧演而習之，是為拳術技勇之始。可見中國尚武之風由來已久。迨後世憑制藝取士，莘莘學子文弱自安，民族精神於焉消沉。

夫古者六藝禮，以束筋駭樂，以揚氣節射御，皆所以習技能、尚材武而書數顧居於末，以此見古人垂訓育先於教，其用意至深遠也。

今中央國術館之設，亦所以示提倡之盛意，行見武術之闡發昌明不致湮沒，而國民健身有術，強國強種操左券焉。

國術研究會今有《拳劍指南》一書行世，問序於余，余嘉其圖說詳明，利便初學，有稗於國民實用，因書此以貽之。

中華民國十有九年一月

九十叟　孫毓驄

序二

世界文明日進，吾人耳目之所接觸，手足之所經營，心力體力之消耗於事業者，不知凡幾；加以百憂感其心，萬象勞其形，雖有銅筋鐵骨之身，豈能久耐剝削乎？

是以吾人處今世，其環境在在足以妨害身體之機能而致疾病，故一方不得不藉藥力以調治，是為下策；而一方則可努力於體魄之鍛鍊，是為上策。

健身之術多矣，其適合國民性而確有良效者，則莫國術。若可以修養身心，調和氣血，陶冶性情，卻病延年，此殆《拳劍指南》一書所由作也歟。

是書編制頗佳，每拳一路，分為若干動作，若西洋操法，然而每一動作有照相圖示，式且詳為，說明其動作方法。學者按照動作摹練，無扞格不入之病，一經純熟，即可自行演習，事半功倍。此其特色，至其國術研究之說理精當，取材豐富，考據詳明，興趣濃厚，相得而益彰焉。

民國十九年之春

洞庭散人序於望川樓

拳劍指南　目錄

下冊

劍之各部名稱及其尺寸重量說明

劍之各部名稱，如下圖一為劍鐓，二為劍柄，三為護手，四為劍身，五為劍鋒。

劍之普通尺寸，約為工部尺二尺八寸三分長。內劍身約二尺一寸八分長，一寸一分寬。護手約一寸一分長，二寸六分寬，七分厚。兩耳每耳長約一寸五分。劍柄約三寸六分長，一寸二分寬，九分厚。劍鐓約一寸八分長，一寸六分寬，六分厚。劍鋒約七分寬。此為雌劍尺寸。

若雄劍當較雌劍寬長重量亦加。如雌劍約定為一斤重，雄劍則為二斤。取其輕快，初學依照上開尺寸，削竹為劍，練習亦妙。

雌劍為平時佩帶，並不用於刺擊，故宜輕而美觀。其形式較雄劍狹小，劍鋒成圓尖形；劍鐓護手，皆用銅質鑄，上鐫鬆柏竹等，取其精微而有寓意。雄劍則重量增加，形式寬長，為研究劍法及戰鬥所用。其鑄造須堅固。劍鐓護手，宜用紫銅製造，其鋒尖銳，與雌劍異。

按雌雄劍之分，由來已久，創始於古時干將鑄劍。吳越春秋，干

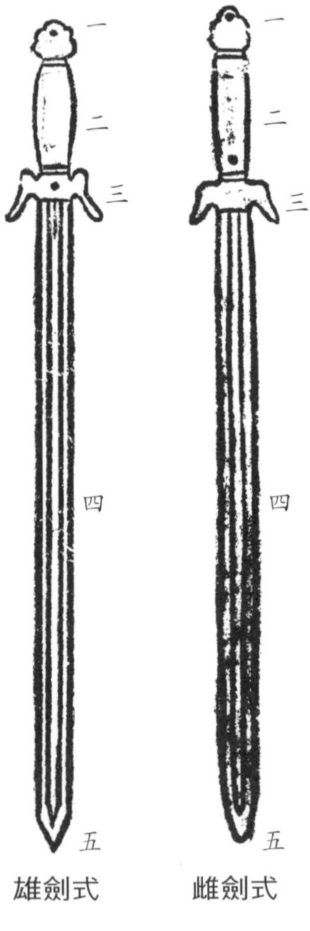

雄劍式　雌劍式

將，吳人也，與歐冶子同師，俱能為劍。吳王闔閭使干將作劍二枚。陽曰干將，陰曰莫耶；陽作龜文，陰作漫理。干將匿其陽，出其陰，而獻之後世。雌雄劍之分，實仿於此。

秘本劍法二十五種

一、初步四法

下四法為劍術各法中必經之式。初練劍術，務須先習此四法，譬之習字，此為點畫鉤撇如何著筆，必先熟知其手法，然後及於間架姿勢神化之境。故四法實為劍術練習基本中之基本，不可忽視。

而以第三法尤為切要，有進退，有閃轉，有升降，有變化，有因應，實為諸式之宗，練習身法之首要。

（一）執劍法

1. 左手執劍

【動作】

劍左手執。手心後向，手掌貼住劍之護手。五指中食指下垂。貼緊劍柄中縫。使其勢固定。其餘四指。緊握劍柄。此時全身姿勢作立正式，護手緊靠左胯。

劍鋒 向惟略向後斜，其姿勢如第一圖。

2. 右手執劍

【動作】

法同上述。

第一圖

（二）換手法

1. 左手換右手

【動作】

左手握住劍柄，胳膊前向上彎，靠在左乳前，劍身貼緊肘下，劍鐓齊喉部，劍鋒斜垂胯間，劍身與胯之距離約為一寸，右手接劍，左手略為放鬆，但仍附靠在劍柄，如第二圖。

等待劍身由左肘下貼入右肘下。如第三圖後，右手隨即向下垂，便成右手執劍式。

第二圖

第三圖

2. 右手換左手

【動作】

法同上述。

（三）持劍法

1. 由左手執劍式變成右手持劍式

【第一動作】

左手將劍柄提起，靠齊腰部，此時劍身略平，鋒向後，刃斜披，右手接劍握劍柄，左手略鬆放，但仍附靠護手上面，如第四圖。

第四圖

【第二動作】

右手握住劍柄，由下向前猛撩翻轉手腕，手心向左，胳膊向下向前直伸，適與劍成一直角形。

此時下身姿勢右腳前上半步，腳跟提起，離地約一寸半左右，腿略向下彎，身體半面向左轉，左右兩足尖及右膝蓋均向裡合，約為三十度，此時全體力量，吃重在左腿上。右胳膊對準右腿，左胳膊彎橫在胸腹之間，手心向右面，第二第三兩指，向前上斜直伸，其餘三指裡彎，附靠右肘之裡面上，手腕下垂，腰挺直，目向前方平視。

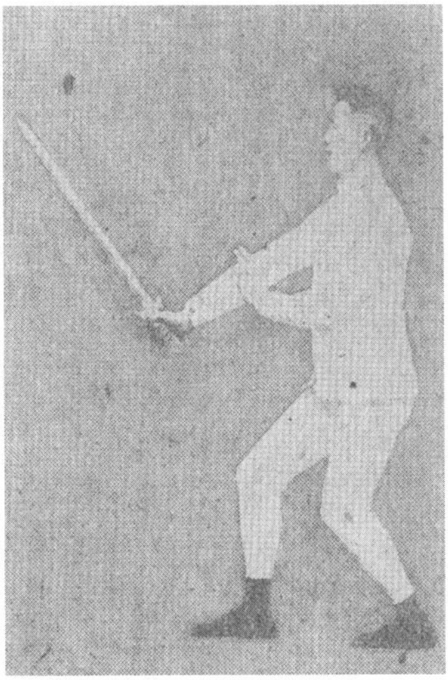

第五圖

此時右手所持之劍，劍鋒之高適與眼平，劍刃前向須與鼻尖對準，如第五圖。

2. 由右手執劍式變成左手持劍式

【第一動作】

法同上述。

【第二動作】

法同上述。

（四）還原法

1. 由右手持劍式還原左手執劍式

【動作】

先右手持劍下垂，隨即移向左方，交於左手，然後左腳向前，同時右腳靠攏還原持劍立正。

2. 由左手持劍式還原右手持劍式

【動作】

法同上述。

二、入門十三法

初步四法之後，次習入門十三法。此是初學入門要訣，按式摹練純熟之後，再進一步研究各種法式，有水到渠成之妙。

此法乃演習前進後退、左右轉側各種直刺斜刺，或隨機退守，或變勢進攻變化運用，有無窮妙處。

1. **進退正刺法**（左右手刺法相同，今但就右手說明。以下仿此）。

【第一動作】

先作右手持劍式，右手持劍，用力向前方直刺，看劍身與胳膊伸平；左手向後略移，靠右肋，手心向右方，指向前上斜。同時左腳用力一蹬，右腳向前跳一大步，右腳著地，左腳乘勢帶前，停在右腳左方後面，腳跟提起，兩腳距離二寸五分，兩腿仍下彎，身體半面向左，兩腳尖亦半面向左，腰挺，上身略向前傾，式如第六圖。

【第二動作】

右腳用力一登，左腳向後跳一大步，左腳著地，右腳乘勢退後，停在左腳前面。腳跟提起，同時右手持劍，用力向右帶，還原右手持劍式，如第五圖。

2. 進退左刺法

【第一動作】

第六圖

先作右手持劍式，右手持劍，用力半面向左直刺。左腳同時用力一蹬，右腳隨即半面向左，跳上一大步，左腳乘勢帶前，停在右腳左方後面，兩腳距離二寸半，腳跟提起，兩腿仍下彎。其餘姿勢同進退正刺，但身體正面向左，劍鋒半面向左。

【第二動作】

右腳用力一蹬，左腳向後跳一大步。同時右手持劍，用力向後帶，身體仍半面向左，還原右手持劍式。

3. 進退右刺法

【第一動作】

法同上述。

【第二動作】

法同上述。

4. 正面進刺法

【第一動作】

先作右手持劍式，右手持劍，用力向前刺，劍身與胳膊伸平。左腳同時用力一蹬，右腳向前跳上一大步。其餘姿勢同進退正刺式。

【第二動作】

右手持劍，用力向手帶。同時左腳著地，右腳向前半步，兩腿下彎，還原右手持劍式。

5. 正面退刺法

【第一動作】

先作右手持劍式，右手持劍，用力向前刺，劍身與胳膊伸平。同時，右腳著地，左腳略向前移，停在右腳左方後面，腳跟提起。其餘姿勢同正面進刺式。

【第二動作】

右腳用力一蹬，左腳向後跳一大步，左腳著地，右腳乘勢後帶，停在左腳前面，腳跟提起。同時右手持劍，用力向後帶，還原右手持劍式。

6. 左面進刺法

【第一動作】

先作右持劍式，右手持劍，用力半面向左刺。左腳同時用力一蹬，右腳半面向左跳上一大步，右腳著地，左腳乘勢前移，停於右腳左方後面，腳跟提起，兩腿下彎。其餘姿勢與進退右刺式同。

【第二動作】

左腳著地，右腳向前上，腳跟提起。右手同時持劍用力後帶，身體仍半面向左，還原右手持劍式。

7. 右面進刺法

【第一動作】

先作右手持劍式，右手持劍，用力半面向右刺，劍身與胳膊伸平。左腳同時一蹬，右腳半面向右，跳上一大步，右腳著地，左腳乘勢前移，停在右腳左方後面，腳跟提起，兩腿下彎，姿勢與進退右刺式同。

【第二動作】

還原右手持劍式。

8. 左面退刺式

【第一動作】

先右手持劍式，右手持劍，用力半面向左刺。右腳著地，左腳向前移，停在右腳左方後面，腳跟提起，兩腳下彎，姿勢與左面進刺式同。

【第二動作】

右腳用力一蹬，左腳向後退跳一大步，右腳乘勢後退。右手同時持劍向後帶，還原右手持劍式。

9. 右面退刺法

【第一動作】

先作右手持劍式，右手持劍，用力半面向右刺。右腳著地，左腳略向前移，腳跟提起，姿勢與右面進刺同。

【第二動作】

仍向後面退下，還原右手持劍式。

10. 前進換左手法

【動作】

先右手持劍式，右手持劍，向左下方後掄至身體左面，劍鋒向後，劍刃略平，與腰齊；左手由下面接劍，握住劍柄。同時右腳前上半步，如第七圖。

左手隨即持劍，由上向前掄，劍停於前面。同時右腳掌在地上一碾，左腳上前一步，停在右腳前面，腳跟提起，兩腿下彎，身體半面向右轉。右手附在左肘裡面上，成左手持劍式，如第八圖。

11. 前進換右手法

【動作】

先左手持劍式，左手持劍，向右下方後掄至身體左面，隨即

第七圖

第八圖

把劍交入右手。左腳同時前上半步。右手持劍向前上掄，停劍於前方。同時右腳上前一步，腳跟提起，身體半面向左轉，成右手持劍式。

12. 後退換左手法

【動作】

先右手持劍式，右手持劍，向左後方掄至身體左面，把劍交入左手。同時左腳向後退半步，右腳向後退一大步，身體向右轉。隨即左手持劍，向前上掄。左腳退後，停在右腳前面，腳跟提起，兩腿下彎，成左手持劍式。

13. 後退換右手法

【動作】

先左手持劍式，左手持劍，向右下後掄至身體右部，把劍交入右手。同時右腳退後半步，左腿退後一大步，身體向左轉。隨即右手持劍，向前上掄。

右腳再後退，停在左腳前面，腳跟提起，成右手持劍式。

以上四法為換手掄劍之法，前進之勢取攻，後退之勢取守，其為掩護則一，前進換手用以禦當長兵器，或為禦護時之一種變勢，後退換手其目的亦在掩護實以退為進，變勢取勝之意。

三、變化八法（本法說明在末段）

1. 閃剪法

【第一動作】

作右手持劍式，右手持劍，劍鋒向下，從右後面，用力突然由上向左前面一擊。在同一時間，左腳一蹬，右腳向右面橫跨一大步，身體半面向左轉，左腳乘勢移動，停在右腳左後面，距離二寸，兩腿向下彎。

此一擊完畢後，胳膊同劍向前下面靠左斜伸直，使劍鋒齊肚臍，左手停在右肋前面，身體挺直，視線注在劍鋒上，如第九圖。

【第二動作】

右手持劍，劍鋒向下，從左後面用力突然由上向右前面一擊。

在同一時間右腳一蹬，左腳向左面橫跨一大步，身體半面向右轉，右腳乘勢移動，停在左腳前面，距離二寸，兩腿向下彎，姿勢如第十圖。

第九圖

第十圖

2. 托擊法

【第一動作】

作右手持劍式，右手持劍，由下向上用力一托，使劍身橫平，停在頭頂前上方，劍刃與頭頂之距離約六寸，此時劍刃平立，鋒向右，鐓向左，手心向後，胳膊向上彎，停在頭之左面。

在同一時間，右腳著地，左腳上前一步，腳尖向外撤，腿下彎，右腳跟提起，右膝蓋抵在左腿後，如第十一圖。

第十一圖

第十二圖

【第二動作】

右手中之劍，從頭頂上面經過左面向右面用力平擊，胳膊伸平，手心向下，劍刃橫平，鋒向前。

在同一個時間，左腳用力一個蹬，右腳向前跳上一個大步，左腳乘勢略向前移，右腿下彎，左腿稍彎，兩腳尖略向內合，身體半面向左。左手停在右肋前面，如第十二圖。

3. 反劈法

【第一動作】

作右手持劍式，右手中之劍，用力向前直刺。在同一時間，左腳一蹬，右腳向前跳一大

第十三圖

步，左腳乘勢帶前，倒插右腿之後，腳跟提起，兩腿略向下彎，左膝蓋抵在右腿後，身體半面向左轉。左手停在右肋前面，如第十三圖。

【第二動作】

左腳一蹬，右腳上前一步，身體從左面向後轉過來，左腳乘勢後退，停在右腳前面，兩腳距離六寸，左腳跟提起，兩腿下彎。

在同一時間，右手持劍，從上面向後向前用力一劈，劍與胳膊向前斜向下伸直，手心向左，劍鋒齊肚臍，劍刃平立，左手從下面向後向上高舉，全身姿勢如第十四圖。

第十四圖

4. 後掛法

【第一動作】

作右手持劍式，右手持劍，用力從左面向後斜帶，手心向裡，左手附在右手上。在同一時間，右腳著地，左腳向前一步，腳尖向外撇，身體半面向左轉，兩腿下彎，右腳跟提起，膝蓋抵在左腿之後，離地八寸。右胳膊彎橫在右肋前面，兩手握住劍柄，停靠在小腹左部，劍身向前上斜，刃豎立，如第十五圖。

【第二動作】

右手持劍，用力向前面直刺。在同時時間內，左腳一蹬，右腳向前一大步，左腳乘勢略為帶前，右腳彎，左腿略彎，兩腳尖向內合。

第十五圖

左手由下向上高舉，停在頭頂左後面上方，離頭頂一尺，手心向左，胳膊略彎，身體半面向左，勢略向前，如第十六圖。

5. 雲紋法

【第一動作】

作右手持劍式，右手持劍，向上面橫舉，離頭頂六七寸，劍刃豎立，鋒向左。在同一時間，右腳上前半步，如第十七圖。右手之劍，從頭頂上面經過左方，如第十八圖。

第十六圖

第十七圖

後方、右方、前方，旋轉一周，劍身橫平，停在頭前上方，相距六寸，胳膊向上彎，停在頭之右方，肘尖向右，手心向前，在劍旋轉時，左手附在右肘裡面。旋轉罷，左手停在小腹之前，胳膊彎，手心向下。在同一時間，左腳上前一步，腳尖向外，此時全身姿勢如第十九圖。

【第二動作】

右手向前伸平，把劍身從左向右旋絞一周，絞罷，劍從上面

第十八圖

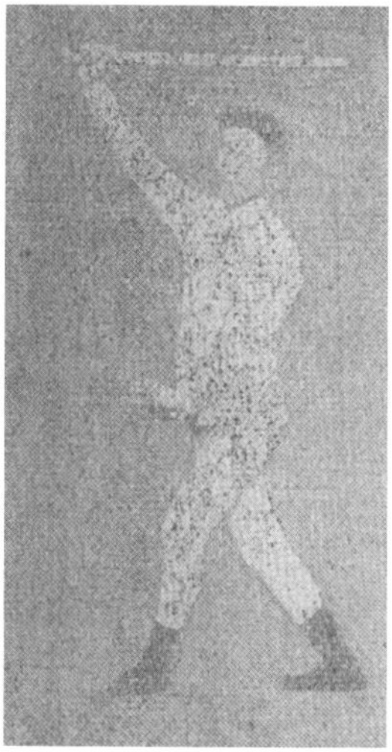

第十九圖

向前下方一擊，胳膊伸平，手心向左，劍刃平立。在同一時間，左腳一蹬，右腳向前跳上一大步，左腳乘勢略向前移，身體半面向左轉，兩腿稍彎，全身姿勢如第二十圖。

6. 攔挑法

【第一動作】

作右手持劍式，右手持劍，用力向下向斜截，胳膊稍彎，停在身體右面後方，手心向左齊，右胯、劍身向前方斜下，刃平

第二十一圖

第二十圖

立，鋒距左膝蓋五寸。

在同一時間，右腳一蹬，左腳上前一大步，右腳乘勢略向前移，身體向右轉，左腿彎，右腿略彎。左手用力向前伸直，手心向右，身體略向前傾，全身姿勢如第二十一圖。

【第二動作】

右手用力從下向前向上一挑，身體隨劍向前，胳膊向上伸直，手心向左，劍刃豎立。在同一時間，左腳一蹬，右腳向前上一大步，腳尖向外，左腳乘勢帶前，停在右腳後面五寸，左膝蓋抵在右腿後，左胳膊彎橫胸前，左手停在右膀前，挑罷，身體半面向右，姿勢如第二十二圖。

第二十二圖

7.翻撩法

【第一動作】

作右手持劍式，右腳著地。右手從上向右後方伸，胳膊直，手心向右方，劍身直豎；左手向左前方平伸，手指向上，手心向右方。在同一時間，眼隨劍右後轉，轉後，仍向左轉，平視左手。在同一時間，左腳向左前方上一大步，兩腿略下彎，身體半面向右轉，如第二十三圖。

此後右胳膊略彎，從右後

第二十三圖

第二十四圖

方，經過下面，向左前方，向上用力一撩，胳膊伸直，手心向上，齊喉部，劍身向前斜上，鋒與頭頂平。在同一時間，左腳一蹬，右腳隨劍向左前方斜上一大步，左腳乘勢略向前移，身體從左面向後轉，右腿彎，左腿略彎，身體向前傾。左手停在右肋前，全身姿勢如第二十四圖。

【第二動作】

右手持劍，向上直豎，左手向右後方平伸。在同一時間，兩腳掌在地上一碾，身體向左轉兩腿略彎，面向右後方，眼隨左手平視，全身姿勢如第二十五圖。

隨即右胳膊稍彎，從左前方，經過下面，向右後方，向上用力一撩，胳膊伸直，劍身斜向

第二十五圖

上面，劍鋒齊頭頂。

在同一時間，左腳一蹬，右腳隨劍向右後方斜，上跨一大步，左腳乘勢略向前移，右腿彎，左腿略彎，身體由左向後轉，全身姿勢如第二十六圖。

8. 飛斫法

【第一動作】

先作右持劍式，右腳一蹬，左腳向左前方跳上一大步，身體從右面向後轉，隨即左腳掌在地上一碾，右腳從左腿之後，向左

第二十六圖

第二十七圖

方懸空後退二大步，身體向右向後轉。在同一時間，右手從左方經過前上方，披側向前向右一斫，劍鋒略斜向前下方，胳膊直。左腿彎，右腿略彎，身體向前傾，眼視劍鋒，全身姿勢如第二十七圖。

【第二動作】

左腳一蹬，右腳向後面斜上一大步。右腳掌在地上一碾，左腿從右腿後，向後方懸空退二大步，身體從左面向後轉。在同一時間，右手從左方經過後上方，向前方，披側向前向左一斫，劍鋒略斜向前下方，胳膊直。右腿彎，左腿略彎，身體向前傾，眼視劍鋒，全身姿勢如第二十八圖。

第二十八圖

以上八種變化法，實為各種劍術之精華，明暢淺顯，學者加意研究，其中各有深義，非普通劍術，舞蹈壯觀，往返重複可比，所以學劍者從此入手，以植其基本，進而研究各式劍，自然迎刃而解，可以得心應手。

且以上所舉各法，其用處極大，凡敵單人，或四面受敵，深入重圍時，可用此各法防護攻守，實為取勝最妙之法。又凡初學劍法，最妙即用真劍以練習手腕之勁，遇不能用真劍時，用竹削成竹劍亦可。

四、山斗拳

第一立正

兩足跟靠攏，兩足尖分開，成八字形，兩腿挺直。兩臂垂直，手掌附大腿旁。全身正直，目向前視。

第二分手

1. 兩臂掌成正掌，拇指在上，掌背向外，向前方伸平。同時，左腳向前一步，全身姿勢如甲一圖。

2. 兩臂掌分向左右二方，成一字形，兩掌轉成平掌（掌心向下）。同時，右腳向前，從左腳站立之一直線上，旋轉一步，全身姿勢如甲二圖。

甲一圖

甲二圖

3.兩臂掌從左右兩側落到腰部轉成仰掌（掌背向下），兩肘向後屈曲，兩掌貼緊兩腰。同時，左腳向右腳靠齊，全身姿勢如甲三圖。

第三並蹬

1.右腳向上提起，腳尖向下。膝屈曲向前，面左向，全身姿勢如甲四圖。

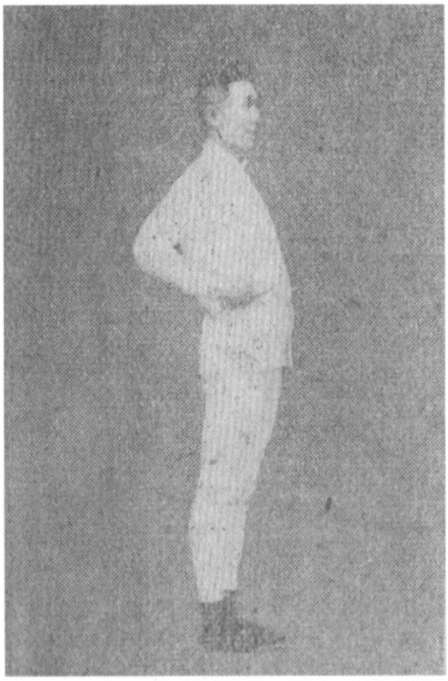
甲三圖

甲四圖

2. 右腳猛力落地，左腳隨即向上提起，腳尖向下，膝屈曲向前。同時，兩仰掌向前下方，向後上方，演成一個旋轉，反成平掌，貼腰部，全身姿勢如甲五圖。

3. 左腳猛力落地，兩腿向下蹬。兩臂向下垂，掌心平向下。腿面略平，上體挺直，面仍向左，全身姿勢如甲六圖。

甲五圖

甲六圖

第四雙掌

左足向左前方一大步，身體向左轉，左腿弓彎，腿面略平，膝蓋半面向右；右腿伸直後方，兩腳尖半面向右，成前弓後箭勢。同時，兩臂掌靠齊，向前方伸直，面前向，全身姿勢如甲七圖。

第五連步雙掌

1. 右腿向左肘前方伸出，右腳離地約二寸許，左腿獨立。同時，兩臂掌從左方向下旋轉，右

甲七圖

甲八圖

臂掌伸直右方，左臂屈曲胸間，掌面約在右肘下部，全身姿勢如甲八圖。

2. 右腳落地，左腳隨即上前一大步，成前弓後箭勢。同時，兩臂掌從右面向上方旋轉，至左平方為止，全身姿勢如甲九圖。

第六花手單掌

1. 兩臂掌交叉落下，至腹部，左臂掌貼腹，右臂掌在左臂外面，全身姿勢如甲十圖。

甲九圖

甲十圖

2. 右臂掌從左下方向上旋轉，至右平度為止；同時，左臂掌從右下方向下旋轉，至左平方為止，左右兩臂，恰成一字形，全身姿勢如甲十一圖。

3. 左臂掌向上旋轉，同時，右臂掌向下旋轉，兩臂掌旋轉至胸下交叉，左臂在右臂外面，全身姿勢如甲十二圖。

甲十一圖

甲十二圖

4.左臂掌向外旋轉，至右掌下面，將掌成仰，拳貼緊腰部，臂肘屈向後；同時，右臂掌向懷內旋轉，至左掌上面，向前平方伸擊。足腿仍不動，全身姿勢如甲十三圖。

第七魁星獨立

1.身體半面向左，同時，左臂向腹平方伸直，將拳成正掌，兩臂成一字形，全身姿勢如甲十四圖。

甲十四圖

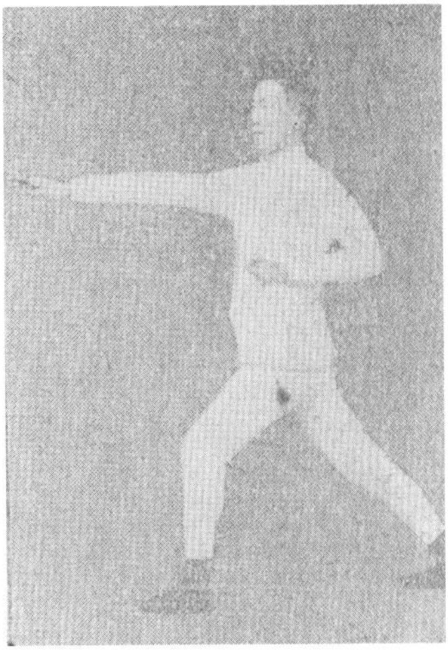

甲十三圖

2.身體向右面轉正，兩腿乘勢在原地直立起。同時，右臂掌從前下方，轉到右平方；左臂掌從向上，轉到左平方，兩臂掌仍成一字形，全身姿勢如甲十五圖。

3.身體向左面轉正，同時，右臂掌成正拳，向上伸直，左臂掌成仰拳，肘角向後，緊貼腰部。左腿提起，足尖向下，膝角向前，腿面平，全身姿勢如甲十六圖。

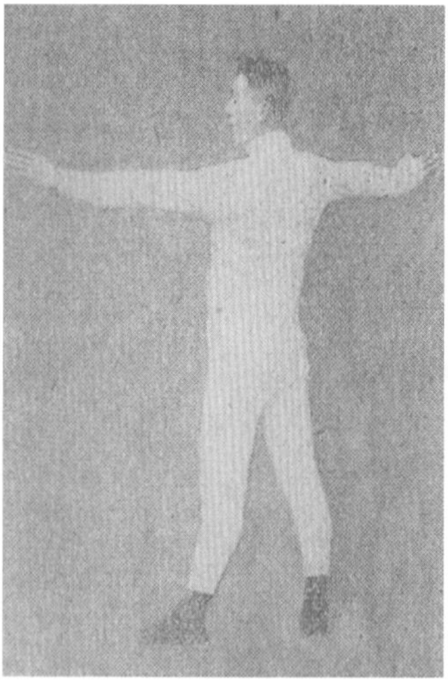
甲十五圖

甲十六圖

第八恨步拳

1. 左足落地，與右足站同一線上，全身姿勢如甲十七圖。

2. 右足向上一提，隨即用力著地成一恨步，同時，兩腿下蹬，身體正，腿面平。左拳成仰掌，向前下方伸直，右拳從上方向前下方左掌面一擊，全身姿勢如甲十八圖。

第九花手勾掌

1. 身體起立，左足後退半步，兩腿交叉，同時，身體向右

甲十七圖

甲十八圖

面轉正。右拳成掌，左掌從右臂內方穿過，疊在右掌臂上面，兩臂貼抱胸部。面目向右方，全身姿勢如甲十九圖。

2. 右足向左足之右方半步，用足尖抵地，足跟起。同時，左臂掌從右肩向面首上部作操勢，旋轉至左平方，轉成正掌；右臂掌從左向下，旋轉至右平方，轉成正掌，此時兩臂掌成一字形，全身姿勢如甲二十圖。

3. 右足向右半步，著地直

甲十九圖

甲二十圖

立；左足乘勢向右半步，足尖向左，足跟提起，膝稍曲。同時左臂掌從左向下，旋轉至右肋下，屈臂貼胸口，反掌面向外，拇指向下，轉成反掌，全身姿勢如甲二十一圖。

4.兩腿下蹬，左足跟提起，大腿面平，左膝半面向左，右膝向前。同時，右臂掌在右方，由下向外，做一旋轉屈臂，肘角向下，屈掌成鷹爪形，手拗與肩平，全身姿勢如甲二十二圖。

甲二十一圖

甲二十二圖

第十馬襠一字掌

1. 左足向左半步，兩腿蹬平，膝角對足尖。同時，右臂勾掌，向右平方伸直，成正掌，再從前平方，拂到左肩，曲臂貼於左臂外面。面目向左，上身挺直，全身姿勢如甲二十三圖。

2. 左右兩臂掌，從胸前分向左右平方伸直，成一字形，全身姿勢如甲二十四圖。

甲二十三圖

甲二十四圖

五、華陀拳

第一動作

右拳向右橫打，在同一時間，左腿向左移開半步，姿勢如乙一圖。

第二動作

左拳向左平打，在同一時間，右拳帶回，還抱肘式。兩腳跟碾地，用磨臍步，身體向右轉，兩腿彎，姿勢如乙二圖。

乙一圖

乙二圖

第三動作

左拳帶回，還抱肘式，同一時間，右拳向右橫打。

兩腳跟碾地，身體向左轉，兩腿下彎，姿勢如乙三圖。

第四動作

右拳帶回，還抱肘式，左拳向左橫打，姿勢如乙四圖。

乙三圖

乙四圖

第五動作

右拳向左平打，在同一時間，左拳帶回，還抱肘式。

兩腳跟碾地，用磨臍步，身體向左轉，兩腿下彎，姿勢如乙五圖。

第六動作

右拳帶回，還抱肘式，在同一時間，左拳復向左橫打。

兩腳跟碾地，身體向右轉，兩腿下彎，姿勢如乙六圖。

乙五圖

乙六圖

第七動作

左拳帶回，還抱肘式，右拳向前橫打。在同一時間，左腳掌碾地，右腿上前一步，身體左向後轉，姿勢如乙七圖。

第八動作

右拳帶回，還抱肘式；左拳變掌，向前衝，手指向上，掌面向前，胳膊伸直。

右腿下彎，左腿登直，上身略向前傾，姿勢如乙八圖。

乙七圖

乙八圖

第九動作

兩胯向下坐，左胯向後收，身體由左回翻，左掌從肩窩前，向左向後掄，從左腿下猛摟，姿勢如乙九圖。

第十動作

復向回摞，轉抱肘式，身體與腰向前挺。

在同一時間，右拳變掌，向前平推，胳膊伸直。左腿下彎，右腿登直，姿勢如乙十圖。

乙九圖

乙十圖

十一動作

右手後操，握緊，還抱肘式。右腿向前平踢，繃腳面。

在同一時間，左拳變掌向前平推，胳膊伸直，姿勢如乙十一圖。

十二動作

踢打畢，仍還原式，姿勢如乙十圖。

十三動作

左拳變掌，向前平推，胳膊伸直；在同一時間，右手後操，握緊，還抱肘式。

乙十一圖

乙十二圖

左腿後退一步，登直，右腿下彎，上身略向前傾，姿勢如乙十二圖。

十四動作

右拳變掌，向前平推，胳膊伸直；在同一時間，左手後揉，握緊，還抱肘式。

十五動作

右腿退後一步，蹬直，左腿下彎，上身略向前傾，姿勢如乙十圖。

兩胯向下坐，右胯向後收，身體從右回翻。

右拳從肩窩前，向右向後掄，從右腳下猛摟，姿勢如乙十三圖。

十六動作

復向後揉，還抱肘式，身體與

乙十三圖

腰向前挺；在同一時間，左拳變掌，向前平推，胳膊伸直。

右腿下彎，左腿登直姿勢如乙十四圖。

十七動作

左手後捰，握緊。還抱肘式。左腿向前平踢，繃腳面。

在同一時間，右拳變掌，向前平推，胳膊伸直，姿勢如乙十五圖。

十八動作

踢打畢，仍還原式，姿勢如

乙十四圖

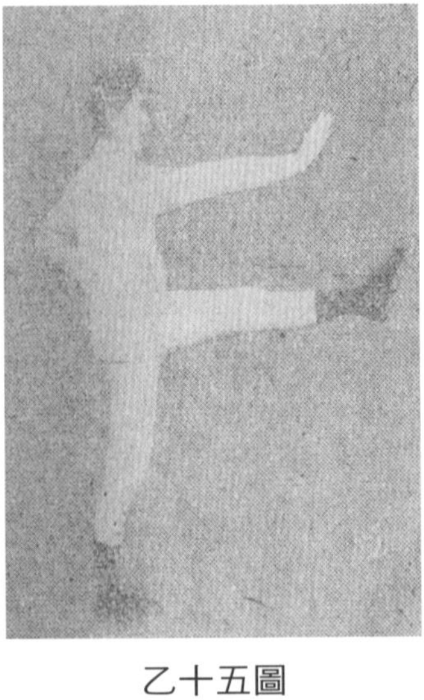

乙十五圖

乙十六圖。

十九動作

右拳變掌，向前平推；在同一時間，左手後採，握緊，還抱肘式。

右腿退後一步，蹬直，左腿下彎，上身略向前傾，姿勢如乙十四圖。

二十動作

右手後採，握緊，還抱肘式；左拳變掌，向前向上迎，掌面向前，手指向右，胳膊略彎。

乙十七圖

乙十六圖

在同一時間，右腿腳尖斜向右，向前踹，左腿挺直，姿勢如乙十七圖。

二十一動作

右腿向前落地，挺直。左手後採，握緊，還抱肘式；右拳變掌，向前向上迎，手指向左，掌面向前，胳膊稍彎。

在同一時間，左腿腳尖斜向左，向前踹，右腿挺直，姿勢如乙十八圖。

乙十八圖

乙十九圖

二十二動作

左腿向前落地，挺直。右掌變拳，從上向後掄，停在背後，胳膊伸直；在同一時間，左拳向前平打，胳膊伸直。右腿腳尖向上，隨左拳向前，姿勢如乙十九圖。

二十三動作

右腿向前落地，挺直。左拳從上向右掄，停在背後，胳膊伸直；在同一時間，右拳從後向下向前掄，停在前方，胳膊伸直。左腿腳尖向上，向前踹，姿勢如乙二十圖。

二十四動作

右拳向下向後挑打，左拳從

乙二十圖

上向前蓋打，兩胳膊伸直。在同一時間，左腿向後落地，斜踏在右腿後，腳掌著地，腳跟提起，兩腿稍彎，如磨臍步式，姿勢如乙二十一圖。

二十五動作

左拳從上向左劈打，復從下向右挑打；在同一時間，右拳從下向右挑打，復向上向左蓋打，兩胳膊伸直。

身體於兩拳掄打時，兩腳跟碾地，從左向後轉，兩腿下彎，

乙二十二圖

乙二十一圖

如磨臍步式，姿勢如乙二十二圖。

六、子午拳

第一動作

左腿上前半步，腳掌點地，兩腿下彎。在同一時間，兩拳變掌，左胳膊向前下方斜伸直，左掌停在膝前，右掌停放在左肩窩前。挺腰，兩胯向後坐，姿勢如丙一圖。

第二動作

左掌向上衝。左腿上提，姿

丙一圖

丙二圖

勢如丙二圖。

第三動作

右腿向前剪踢。在同一時間，右掌變掌向前打，姿勢如丙三圖。

第四動作

右腳落在左腳之前，腳掌點地。右拳復變掌，隨右腿下垂在右膝前，左掌停放在右肩窩前。兩腿仍下彎，姿勢如丙四圖。

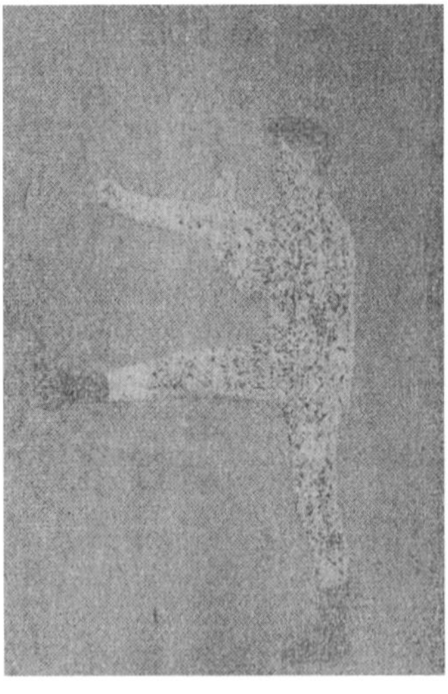
丙三圖

丙四圖

第五動作

兩腳一同向前擠步。左掌變拳，向前打；右手握緊，還抱肘式。在同一時間，左腿上前一步，身體從右向後轉，兩腿下彎，姿勢如丙五圖。

第六動作

右拳向前打，左拳還抱肘式。在同一時間，左腳掌碾他。右腿上前一步，身體從左向後轉，兩腿下彎，姿勢如丙六圖。

丙五圖

丙六圖

第七動作

右拳變掌，向後摞至左胳膊窩下，即向右上方伸直；左拳變掌，手指向右，從右胳膊上面，向下左方猛摟，變鉤，停在左方，胳膊向下斜伸直。

在同一時間，左腳從左向前向右磨踢一周，姿勢如丙七圖。

第八動作

右腳掌碾地，身體隨左腿從右向後轉一圓徑，歸到原方向，立正抱肘，兩腿略向下彎，姿勢

丙七圖

丙八圖

如丙八圖。

第九動作

兩拳變掌，向左右分開，胳膊伸直。在同一時間，左腿挺直，右腿腳尖斜向上，向前橫踢，姿勢如第丙九圖。

第十動作

右腿收回。右手從右腳前向後摟，握緊還抱肘式。右腿即向後橫退一步，左腳跟碾地，身體隨即從右向後轉，成騎馬式。

在同一時間，左掌向前伸，

丙九圖

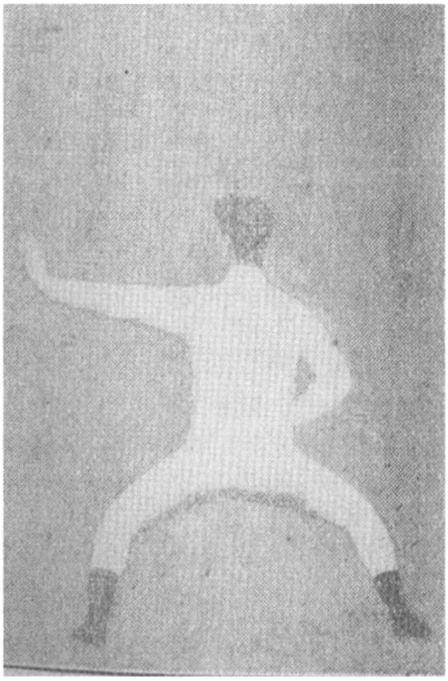

丙十圖

手指向上，胳膊伸直，姿勢如丙十圖。

十一動作

左掌向後摞，到右胳膊窩下，即向左上方伸直；右拳變拳，從左胳膊上面，向右下方摟，變鉤，停在右方，胳膊向下斜伸直。

在同一時間，右腳從右向前向左磨踢一周，姿勢如丙十一圖。

十二動作

左腳掌碾地，身體隨右腿從

丙十一圖

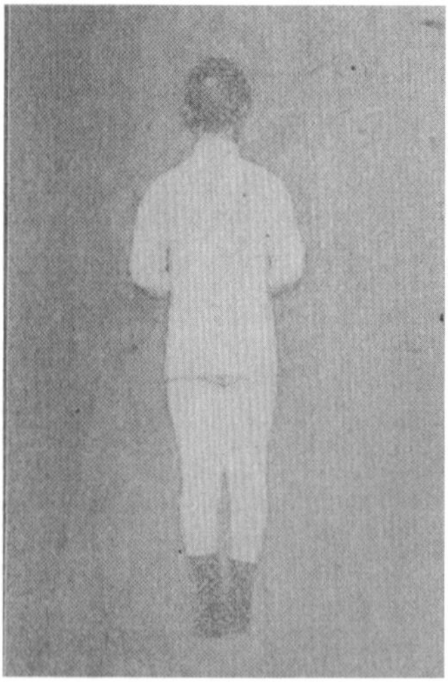

丙十二圖

左向後轉一圓徑，歸到原方向，立正抱肘，兩腿略向下彎，姿勢如丙十二圖。

十三動作

兩拳變掌，一同向左右分開，胳膊伸直。在同一時間，右腿挺直，左腿腳尖斜向前上方橫踢，姿勢如丙十三圖。

十四動作

左腿收回。左手從左腳前向後摟，握緊還抱肘式。左腿即向後橫退一步，右腿跟碾地，身體

丙十三圖

丙十四圖

從左向後轉。右掌變拳，半面向左平打。左腳下彎，右腿登直，姿勢如丙十四圖。

十五動作

左拳半面向右平打。在同一時間，右拳帶回，還抱肘式。右腿下彎，左腿蹬直，姿勢如丙十五圖。

十六動作

左拳從左向後迎還抱肘式。在同一時間，左腳跟碾地，右腿從左腿前，向左橫上一步，身體

丙十五圖

丙十六圖

從左向後轉。右拳變掌，半面向左平伸。左腿下彎，右腿蹬直，姿勢如丙十六圖。

十七動作

左拳變掌，半面向右平伸，在同一時間，右手握緊還抱肘式。右腿下彎，左腿蹬直，姿勢如丙十七圖。

十八動作

左掌向左衝，胳膊伸直。身體向左轉，左腿下彎，右腿蹬直，上身略向前傾，姿勢如丙十

丙十七圖

丙十八圖

八圖。

十九動作

右拳向前打。在同一時間，右腿上前一步，稍彎，身體從左向後轉，左腳放在右膝後面。左拳停在右肩窩前，姿勢如丙十九圖。

二十動作

左拳從前向後掄，右拳帶回，還抱肘式。在同一時間，右腳跟碾地，身體隨左掌從左向後轉，姿勢如丙二十圖。

丙十九圖

丙二十圖

二十一動作

左手向後操握緊，還抱肘式。左腿上前一步落地，猛蹬，右腿即向前跳一大步，下彎，左腿蹬直。

在同一時間，右拳向前平打，胳膊伸直，上身略向前傾，姿勢如丙二十一圖。

七、飛龍拳

第一動作

兩拳向左右分開，胳膊伸

丙二十一圖

丙二十二圖

直。在同一時間，左腿向左移開半步，姿勢如丁一圖。

第二動作

右拳從上向左蓋打，左拳從下向後挑打，兩胳膊伸直，在同一時間，兩腳跟碾地，身體從左向後轉，兩腿下彎，如磨臍步式，姿勢如丁二圖。

第三動作

右拳變掌，反手腕向後採，左拳變掌，附在右掌上，一齊後採，俟採至胸前，兩掌一齊向前

原書缺丁一圖

丁一圖

丁二圖

平推，胳膊伸直，手指向上，掌面向前。

在同一時間，兩腳掌碾地，身體向右轉左腿稍向前向上，下彎，右腿稍直，上身略向前傾，姿勢如丁三圖。

第四動作

兩拳變鉤，一同向後摟，還抱肘式。

在同一時間，左腿回撤停在右腳前，腳掌著地，腳跟提起，兩腿下彎，姿勢如丁四圖。

丁三圖

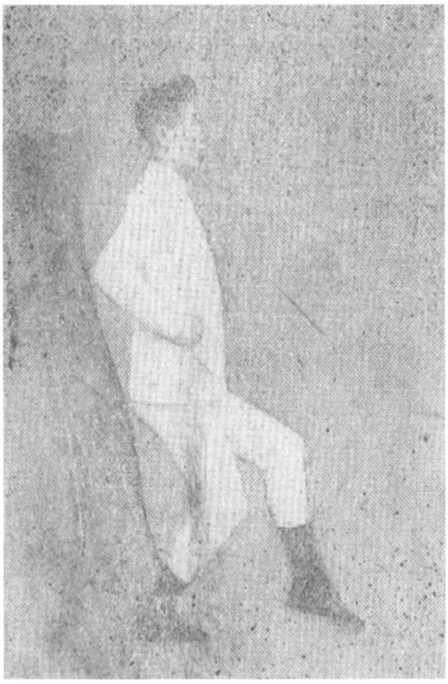

丁四圖

第五動作

上身不動，左腳跟落地左腿伸直，右腿向前平踢，腳面繃直，姿勢如丁五圖。

第六動作

右腿上前一步，蹬直，左腿向前平踢，腳面繃直，姿勢如丁五圖同。換右腿為左腿。

第七動作

身體不動，右腿俟左腿未落，即向前剪踢，左腿落地，右腿上前一步，下彎，左腿稍直。

在同一時間，兩拳變掌，向前平推，掌面向前，指向上，胳膊伸直，姿勢如丁三圖同。換左腿為右腿。

丁五圖

第八動作

左掌從右胳膊窩下，向左上伸，手指向上，掌面向左，胳膊伸直；右掌即變鉤，從下向右猛摟，停在右方，胳膊斜向下伸直。

在同一時間，右腿從左腿前，向後蓋一步，兩腿下彎，左腳掌著地，腳跟提起，身體略向左轉，姿勢如丁六圖。

第九動作

左腳跟落地，兩腿齊起，左

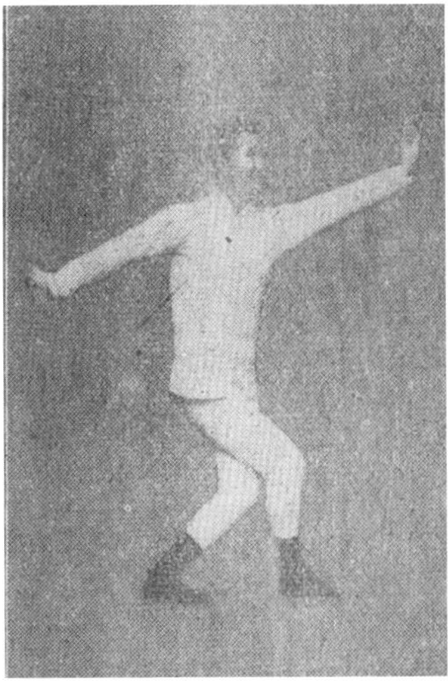

丁六圖

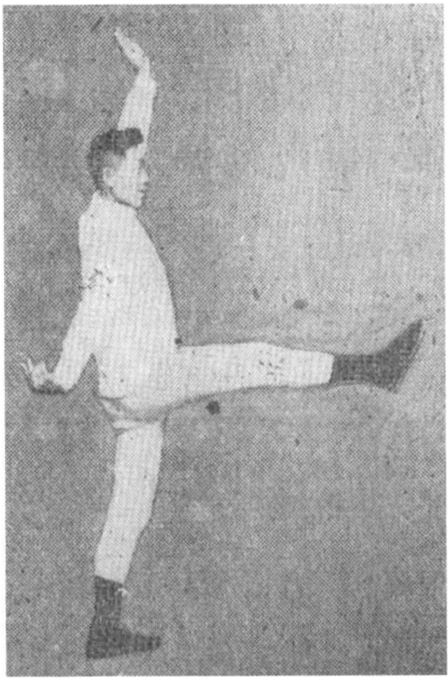

丁七圖

腿挺；在同一時間，右腿腳尖斜向上，向前橫踢，姿勢如丁七圖。

第十動作

右腿踢定，即從左腿後橫退一步，左腳掌碾地，身體隨右腿從右向後轉，左腿復從右腿前，向後蓋一步，兩腿下彎，右腳掌著地，腳跟提起。

在同一時間，右掌乘右腿向後落地時，即從左胳膊窩下，向右向上伸，指向上，掌面向右，胳膊伸直；左掌變鉤，從右向下向左摟，停在左方，胳膊斜向下伸直，姿勢如丁八圖。

丁八圖

十一動作

右腳跟落地，兩腿齊起，右腿挺；在同一時間，左腿腳尖斜向上，向前橫踢，姿勢如丁九圖。

十二動作

左腳尖向後橫落在右腳之旁，身體即從右向後轉，右腿隨身後蹬一步，左腿下彎，右腿蹬直。在同一時間，左掌從右胳膊下，向右向上衝，胳膊伸直；右手握緊，還抱肘式，姿勢如丁十

丁九圖

丁十圖

圖。

十三動作

左掌半面向右下斜劈。兩腳跟碾地，身體隨左掌向右轉，右腿下彎，左腿登直，上身略向前方右方傾，姿勢如丁十一圖。

十四動作

左掌從上向左反打，胳膊掄直。兩腳跟碾地，身體隨左掌向左轉，右腿下彎，左腿蹬直，姿勢如丁十二圖。

丁十一圖

丁十二圖

十五動作

右拳變掌，向左向上衝；左手握緊，還抱肘式。

在同一時間，右腳掌碾地，左腳後退一步，身體從左向後轉，右腿下彎，左腿登直，姿勢如丁十三圖。

十六動作

右掌半面向左向下斜劈。兩腳跟碾地，身體隨右掌向左轉，左腿下彎，右腿蹬直，上身略向前方向左方傾，姿勢如丁十四

丁十三圖

丁十四圖

圖。

十七動作

右掌從上向後反打，胳膊掄直。兩腳跟碾地，身體隨右掌向右轉，右腿下彎，左腿蹬直，姿勢如丁十五圖。

十八動作

左拳變掌，向右向上衝，胳膊伸直；右手握緊，還抱肘式。

在同一時間，左腳跟碾地，右腿後退一步，身體從右向後轉，左腿下彎，右腿蹬直，姿勢

丁十五圖

丁十六圖

如丁十六圖。

十九動作

右拳變掌，向右衝，胳膊伸直；左手握緊，還抱肘式。

在同一時間，兩腳跟碾地，身體向右轉，右腿下彎，左腿蹬直，姿勢如丁十七圖。

二十動作

左拳向前平打，胳膊伸直，右掌置在左肩窩前。

在同一時間，左腿上前一步，稍彎，身體從右向後轉，右

丁十七圖

丁十八圖

腿斜掖在左膝之後，姿勢如丁十八圖。

二十一動作

右掌從前向後掄，左拳帶回，還抱肘式。

在同一時間，左腳跟碾地，身體隨右掌從右向後轉，姿勢如丁十九圖。

二十二動作

右手向後摞，握緊，還抱肘式。右腿上前一步，落地，猛蹬；左腿即向前跳一大步，下

丁十九圖

丁二十圖

彎，右腿蹬直。

在同一時間，左拳向前平打，胳膊伸直，上身略向前傾，姿勢如丁二十圖。

二十三動作

右拳向前橫打，左拳還抱肘式。在同一時間，左腳掌碾地，右腳上前一步，身體從左向後轉，兩腿下彎，姿勢如丁二十一圖。

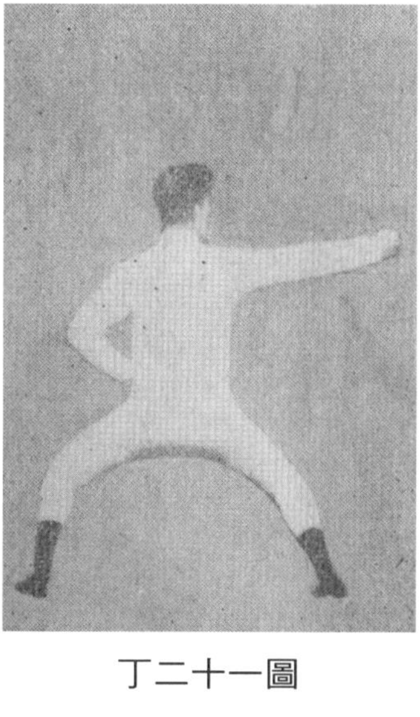

丁二十一圖

八、太極拳

太極，太極起式，攬雀尾，單鞭，提手上勢，白鶴亮翅，摟膝拗步（左），摟膝拗步（右），手揮琵琶，進步或卸步，搬攔捶（一）進步或卸步搬攔捶（二）如封似閉，抱虎歸山，摟膝拗步，攬雀尾，斜單鞭，肘底看捶，倒輦猴，斜飛勢，提手上勢，白鶴亮翅，摟膝拗步，海底針，扇通背，撇身捶，卸步搬攔捶，上勢攬雀尾，單鞭，雲手，高探馬（左），分腳（右），高探馬（右），分腳（左），轉身蹬腳，進步栽捶，翻身撇身捶，翻身二起腳，雙峰貫耳，披身踢腳，轉身蹬腳，上步搬攔捶，如封似閉，抱虎歸山，摟腰拗步，攬雀尾，斜單鞭，野馬分鬃（左），野馬分鬃（右），又（左）又（右），玉女穿梭（左），玉女穿梭（右），單鞭，雲手，下勢，金雞獨立，倒輦猴，斜飛勢，提手上勢，白鶴亮翅，摟膝拗步，海底針，扇通背，進步搬攔捶，上勢攬雀尾，單鞭，雲手，高探馬，迎面掌，十字擺蓮，摟膝指膛捶，上勢攬雀尾，單鞭，下勢，上步七星，退步胯虎，轉腳擺蓮，彎弓射虎，上步高探馬，迎面掌，翻身撇身捶，上步高探馬，上步攬雀尾，合太極。

九、六合拳

立正切掌，上步雙撞拳，騎馬式，劈軋拳，高頭探馬，踹窩心，腳踩打掌，珍珠倒捲簾，磕膝腿，白鶴掠翅，古樹盤根，攔腰掌，托天掌，走三步，打八式，攔腰掌，托天掌，走三步打八式，攔腰腿，珍珠倒捲簾，磕膝腿，白鶴掠翅，古樹盤根，撲腿勢，打跳八式，左右掌，連環掌，古樹盤根，踢連環腿，走登三步，外排腿，磕膝腿，珍珠倒捲簾，磕膝腿，白鶴掠翅，古樹盤根，打旋風腳刁手上步打拳，刁手上步打拳，珍珠倒捲簾，磕膝腿，白鶴掠翅，古樹盤根，冲天炮躲子腳，陰蹬腿捕虎勢，白虎洗臉，磕膝腿，珍珠倒捲簾，白鶴掠翅，古樹盤根，烏雲遮月，坐盤踢刦腿踢點交，摑面拳，掇哽讓步，跨虎勢，退步收式。

十、長 拳

立正切掌，上步雙撞拳，棒打抽筋肚立，上步連環摷打掌，雙撞拳，摑耳拳，連摑耳，白鶴掠翅，脫靴上步，冲天炮，跳箭步，打回身拳，豁蹬拳，撩陰拳，刁手揆肘，踢陰腿，豁襠拳，撩陰拳，刁手揆肘，踢陰腿，翻身撲腿勢，踏窩心腳，揆肘跺子腳走登山步，打順拳，上步打回身拳，七星式，打跳八式撲腿勢，擔扁勢踢二起腿，探打撲腿勢，摷打咬步拳，揣肘踢陰腿，後掃蹚跳八式，旋風腳，立起掇哽讓步，跨虎勢，退步收式。

十一、行 拳

立正切拳，上步雙撞拳，靠身拳，二郎擔山掌，雙刁手，靠身拳，刁手打三拳，快打三拳（末一拳是掌），跺子腳，撲腿勢，揉打咬步拳，換打咬步拳，跨襠拳，上步栽拳，殿步跳打，雙揉臥虎勢，白虎洗臉磕膝腿翻勢正軋打，打順拳，上步，打蛇探頭，豁襠拳，撩陰拳，反劈正軋打，抽扯拳，刁手，踢抽扯腿，刁手跌陰腿，刁手跌陰腿，刁手跌陰腿，雙揉臥虎勢，白虎洗臉，磕膝腿，退步，反劈正軋打，打順拳，上步，打蛇探頭，單手推碑，攬讓裁錘，顛步跳打，仙人過橋，無花掌，古樹盤根，外排腿，上步掇哽，讓步跨虎勢，退步收式。

十二、二郎拳

立正切掌，上步雙撞拳，靠身掌，二郎擔山掌，勾摟手，立正英雄獨立，跳箭步，打抽扯拳，回身拳，刁手，上步打順拳，反身打竄花拳，探打撲腿勢，揉打咬步拳，探打跳步，打拐肘，回身打三拳拐肘，回身打兩拳刦肘，踹窩心腳，跺子腳轉身掌，金雞獨立，跳箭步，打抽扯拳，手伏地掃堂腿，踢二環腿，探打撲腿勢，揉打咬步拳，退步掇哽，跨虎勢棚打抽筋肚立，走三步打八式，跺子腳冲天炮，蓋馬三拳踢陰腿，蓋馬三拳，踢陰腿，刁手，上步進肘，摑耳拳，反身海底撈月，反摑耳，上步正摑耳，轉身雙摑耳，踢陰腿摑面拳，老虎大抱頭，頓坐錘，退步收式。

十三、燕青拳

立正切掌，上步，雙撞拳，懷中抱月，二郎擔山，拉弓式，封手花揉，上步進肘，摑身拳，翻劈正軋打，踢順腿打順拳，揆肘，上半步，撐滑腿，挑上步，上步打，挑上步，對面掌，快打三拳，挑上步，上步打，挑上步，打脫靴轉身掌揉打，刦打，抽扯拳，封手花揉，上步進肘，摑耳拳翻劈正軋打，打順拳，挑上步，對面掌，快打三拳，反身栽錘，左右跨打，翻劈正軋打，打順拳抱拳（左右）拷打，挑上步，對面掌，快手三拳，隨意站立，上步軋拳上步軋拳，上步挑打，踢陰腿，十字拳，揆肘踢潭腿立起，掇哽，讓步跨虎勢，退步收式。

十四、哪吒拳

上式，急打雙撞拳，七星式上步，連環對手花，見空即打，跳箭步，迎門進用勾掛腿（一勇二得），懷中抱月，踹窩心腳跳步共反身，陰蹬摑耳拳打破應進無遮攔反劈正軋打往後採，刁打十字拳盡力迎風打餘氣就雲飛擦胸忙洗手，偷心速躲身，雙劈雙撞使橫拳忙打他心再採打，使金鉤掛玉，退步連環刼伊腿冲打，側身起下，使老龍盤山，雙摑耳陰檔腿插花分左右三打無可抵，用搶背大三拍就地滾攢，起身雙切手。

十五、五虎拳

立正切掌，上步雙撞拳，大舞花磕根，白鶴掠翅，連環挑進，背人勢，白鶴掠翅，踢鉤掛腿，跳跕步，雙撞拳，踢鉤掛腿，陰襠錘，劈軋拳踢鉤掛腿，跳跕步，雙撞拳坐盤腿，窩心腳，打雙錘，小掃蹚，探打撲腿勢，摞打咬步拳揆肘踢陰腿，後掃蹚，跳八式旋風腳騎馬式，打右錘，上步槍背大三拍，後掃蹚，雙摑耳，踢陰腿，掛面拳，掇哽跨虎勢，退步收式。

十六、醉跌拳

上步二龍吐鬚，丹鳳朝陽，金雞獨立，鷂子翻身，打槍背，轉身蛟龍起空，雲頂帚槍，背隨身起，仙鶴獨立，伸頸跺子腳，飛身起空，反身羅漢臥睡，仙女睡醒，伸頸立起，鉤掛連環腿，反身飛蹤落地，仙人渴盹，錯腿立起大轉身，二起腿，翻身後跌，起身鵲雀蹬枝，大搶背，英雄獨立躍身坐盤，單子拜佛，攬絲腿，跑步單闖盤立起息風止浪，二起腿，旋風腳，槍背立起，燕子穿海，反身蛤蟆式，鯉魚挺身，攬絲腿平地翻車起身收式。

十七、板凳拳

上式左插花，轉身右插花，左抵檔掃襠凳，舉凳，軋面凳，踢陰腿，舉凳，右觝襠掃蹚凳，舉凳，軋面凳踢陰腿，舉凳（右）倒插步，右轉身舉，踢，舉，左雲頂，左倒插步，左轉身，舉，踢，舉四門凳，左盤根軋面凳，右坐盤軋面凳，左右闖盤，起身雲頂，左轉身雙臨凳右踹窩心腳，左踢連環腿，真正轉身磨盤凳，左右攪凳，右轉身雲頂凳，退步左雲頂，退步右雲頂，收式。

十八、常山拳

上式雙拍掌，推拿兩把跳橫步，雙轍手，鷹爪利手，七星式，跳顛步，摑面拳，七星式，轉身跑登山步，跳箭步，摑面拳翻身燕子銜泥，跳八式，旋風腳童子拜佛，白馬臥槽，蛤蟆式，大三拍，雙掃蹚，雙摑身，踢陰腿，摑面拳，跑步闖盤點腿，搶背起身點腿平地栽碑，大三拍，一字腿，後掃蹚，掇哽跨虎，退步收式。

十九、六合槍

托槍勢，上步扣槍，青龍出水，讓槍勢，分脛槍，青龍出水，抱槍騎馬式，架棟分脛，扣槍上步，通左右封閉，鐵牛耕地，退步三槍，槍裏藏人上步打棒，鐵掃帚迎門，大撞退步，攻襠絞棒觝回馬槍，迎門大撞轉臨槍，挾擠棒，風吹倒火輪，巧女認（按：應為「紉」）針，撐船式，跺子腳，鳳三點頭，抽槍式，走登山槍，掉牙退步，連環絞槍，通疊手棒，敗中取勝坐盤槍玉女穿梭撲槍勢，隨意立站，撲蓋三槍，抽槍式，舞花槍，上步通抽槍，收式。

二十、張飛槍

置槍式，舞花掌，跺子腳，扣槍通，大樸大蓋樸，鵪鶉（一二三）抽槍式，踢陰腿，舞花槍，轉身扣槍通，撞槍勢扣槍通，跳跕步，坐盤槍，掉把掃蹚分筋槍，臨槍通，挾擠棒，風吹倒火輪，扣槍通抽槍式，踢陰腿，舞花槍，扣槍通，雲頂槍，打把踢打把踢，生盤槍，扣槍通，走登山槍，回馬槍，面背槍，上步打棒竄槍，倒掉把竄槍，上步分筋腿，退步分筋腿，手捧退步劈軋棒，退步竄槍，扣槍通，抽槍（換把），捌喉槍，背槍，竄槍，上步掉把，擋步竄槍轉臨槍，扣槍通，抽槍收式。

二十一、梨花槍

起手鳳凰單展翅攬跳，斜門分筋槍，槍裏藏人，小舞花坐盤槍，抽槍踢大舞花四門槍，大舞花追風趕月槍馬尾槍，迎門撞分筋舞花槍，追風趕月，跑八步轉身，走登山槍，回馬槍，大舞花四門槍，大舞花八步趕驪捌口槍，點手換羅成，轉身攔腰棒，舞花挑播中平槍，帶還急步坐盤槍，雙虯貫日托槍式，隨機帶還坐盤槍，慧星襲月直射去，轉身抽回背槍式，左右分開急用棒，敗中取勝坐盤槍，巧女認（紉）針，拓槍去反身殺式，用挑槍抽槍，立起收式。

二十二、太白劍

上步雙架摞手，急出二郎擔山掌，走快步，右盤根使錯腿，二起腳，左右攪翻，上步裁拳，回身踢陰腿，跑登山步一字腿，用千觔墮代進肘，古樹盤根外加盤龍腿，轉身跑，落步單槍，跪跳撲虎式，出雙掌，隨跟二換腿，大轉身，連環步，緊接外排腿，打槍背，速起身，仙人拱手，外排腿，八封門，打八式，旋風腳，填步盤根倒起身，童子拜佛，是假情黑狗攢襠無處藏，大三拍，使闖盤全憑金絞剪，立起掇哽跨虎，退步收式。

二十三、青天棍

上式點棍，左摑耳，右摑耳，四門棍，左跳棍，右跳棍，翻身棍，雲頂掃蹚棍，點手棍，腰部棍，退步骶襠，退步骶襠，退步掃襠劈面棍，骶襠夾臍棒攔腰棍，跳打棍退步雲頂棍，跳步掃蹚，回身掉牙，坐盤骶襠，連環骶掉夾臍棒，雲頂棍，夾臍攔腰跳打棍，上步左點棍，上步右點棍，斜步摑耳棍連環骶襠老龍盤根，雙架樑，舞花棍，上步分筋，退步分筋，面背棍，旋風棍，單打劈軋棍，舞花棍，回身棍，劈手棍，分筋挑袍撩衣鈴喉棍，轉連三翻身棍，四門棍，雙鐙棍，左右攪棍，點棍，退步收式。

二十四、純陽刀

按刀式，上步刺刀，得勝刀，護身刀，力舉千斤，後掃襠劫腕刀，攔腰刀，招刀勢，上步破草尋蛇，上步掃襠，上步左脖，上步右脖，讓刀勢，通退步斬馬刀，兩步一刀，攔路刀絞刀（上步），通退步斬馬刀，探劈探通走登山刀，左右撩陰鴛鴦刀，退步連環通雙削蹬斬馬刀，探劈探通進槍刀，讓槍勢力舉千斤，抽樑換柱招刀勢，上步力劈華山招刀勢上步力劈華山，舞花反身刀，通上步通攔腰刀，穿心刀，連三刀，舞花反身刀，抽樑換柱，藏刀勢，抽刀勢，跳箭步黃龍纏腰（一二三四）坐盤，刀鷂子翻身刀，刺刀面背旋風腳，槍背斬馬蹄，左纏頭，右割腦，抱刀勢，上步請刀，退步收式。

二十五、潭腿歌

頭蹚繩掛一條鞭，用時撩陰踢崩腿。
二蹚十字繞三尖，打十字搥踹跺子腳。
三蹚劈扎倒夜犂，專用穿花陰襠腿。
四蹚撐花人難當，內藏白鶴亮翅平地翻。
五蹚舞花炮搥跟著走，硬打硬上不容進。
六蹚接攔帶點腿，削帶刮耳攔腰拳。
七蹚晃槌帶晃腿，見空即打莫留情。
八蹚硬打硬闖不放鬆，單手推碑在裏邊。
九蹚連環陰襠腿，手封四門速即進。
十蹚見潭不見潭，內用蓋馬三拳見空打。

十一蹚鉤掛連環掃襠腿，外帶金絞剪不虛傳。

十二蹚遲牛望月轉回還，用時鉤擄碰要帶兩拳。

二十六、潭腿十二路

第一路

立正，上步掇哽，鉤摞手，領式上步抱錘騎馬式，打雙拳，豁襠拳，撩陰拳，刁手揆肘踢崩腿，豁襠拳，撩陰拳，刁手揆肘踢崩腿，豁襠拳，撩陰拳，刁手揆肘踢崩腿，坐盤腿，金絲手，抽轍錘。

第二路

打十字拳，踹跺子腿，打十字拳，踹跺子腿，打十字拳，踹跺子腿，坐盤腿，金絲手，抽轍拳。

第三路

倒夜犂，翻身軋錘，揆肘踢陰，摑面拳，翻身軋錘，揆肘踢陰腿，摑錘面，翻身軋拳，揆肘踢陰腿，坐盤腿，金絲手，抽轍錘。

第四路

白鶴掠翅，踢陰腿，刁手倒插步，撐滑腿，白鶴掠翅，踢陰腿，刁手倒插步，撐滑腿，白鶴掠翅，踢陰腿，刁手倒插步，撐滑腿，坐盤腿，金絲子，抽轍錘。

第五路

打炮錘，揆肘踢陰腿，打炮錘，揆肘踢陰腿，打炮錘，揆肘踢陰腿，坐盤腿，金絲手，抽錘轍。

第六路

踢劫腿，踢點腿，踢刦腿，踢點腿，倒插步，踢刦腿，踢點腿，坐盤腿，金絲手，抽轍錘。

第七路

打晃錘，踢晃腿，打晃錘，踢晃腿，打晃錘，踢晃腿，坐盤腿，金絲手，抽轍錘。

第八路

打十字拳，踢闖，腿闖拳，……踢二起腿，蓋馬三錘，坐盤腿，金絲手，抽轍錘。

第九路

踢連環陰襠腿（共十二腿），坐盤腿，金絲子，抽錘轍。

第十路

豁襠拳，撩陰拳，揆肘踢見潭腿，蓋馬三錘，豁襠拳，撩陰拳，揆肘踢見潭，雙蓋馬三錘豁襠拳，撩陰拳，揆肘踢見潭腿，蓋馬三錘，坐盤腿，金絲子，抽轍錘。

第十一路

打十字拳，鉤踢掛連環腿，坐盤腿，金絲子，抽轍錘。

第十二路

犀牛望月，回身打兩錘，犀牛望月，回身打兩錘，犀牛望月，回身打兩錘，老虎大抱頭，頓挫錘，退步收式。

二十七、九節鞭

（一）起手虛步弓箭式，點手換羅成，左插花，右插花，插花蓋頂。

（二）左一道，右一道，左右十字佩紅。

（三）插花蓋頂，張飛上馬。

（四）蓋頂插花，鷂子硬翻身。

（五）單手鞭，雙手鞭，羅章跪樓。
（六）雙手鞭，單手鞭，羅章見紅娘。
（七）金絲纏葫蘆，葫蘆纏金絲，張飛上馬，八王削甲。
（八）鷂子翻身，十字佩紅，翻身一鞭。
（九）轉身左右，老媽媽紡線。
（十）雪花蓋頂，古樹盤根。
（十一）黑虎入洞，反身三鞭。
（十二）蓋頂掃襠，面花槍背，雪花蓋頂，古樹盤根，接鞭收式。

二十八、醉八仙

漢鍾離手使陰陽寶扇左右扇；
曹國舅雲陽見板，左右顛倒顛；

呂洞賓斜插寶劍，醉跌岳陽樓；
鐵拐李葫蘆繫腰間，離拐即倒；
藍采和度沉疴，就把花籃分獻；
何仙姑攔睡象牙床，左右攬反；
張果老倒騎毛驢，捽在高橋上；
韓湘子蕭聲響亮，便把蟠桃獻。

本書圖演式者字成各訓君

拳劍指南 下冊

一、國術器械源流考

（一）劍　考

1. 劍之取意

劍何所取，意釋名曰，劍，檢也，所以防檢非常也，古者君子武備，所以衛身，有莊嚴高尚之旨趣。

2. 劍之創始

葛天盧之山，發而出金，蚩尤而制之，以為劍，似為劍之鼻祖，見《管子》，其詳則不可考。

3. 劍之古制

用（點校者：用疑為周）官桃氏為劍，臘廣二寸有半寸（臘，劍身也），兩從半之（從，劍刃也），以其臘廣為之。莖圍長倍之（莖，劍柄也）。中其莖，設（點校者：設疑為役）其後，身長五，其莖長重九鋝（按周禮六兩半為一鋝，古權三當今之一），謂之上制，上士服之。身長四，其莖長重七鋝，謂之中制，中士服之。身長三，其莖重五鋝，謂之下制，下士服之。此為劍之最古制度。

《考工記》，劍，古兵器名，兩刃而有脊，自脊至刃，謂之臘，或又謂之鍔。脊刃以下，與柄分隔者，謂之首。首以下把握之處，曰莖。莖端施環曰鐔。此亦足證古代劍式，以較近世劍式，有不同處矣。

漢代朝儀，臣得帶劍，但至殿階，則解劍，下逮晉代，始代之以木，貴者用玉首，賤者用蚌金銀玳瑁為雕飾。

古時天子二十而冠，帶劍，諸侯三十而冠，帶劍。大夫四十而冠，帶劍。隸人不得冠。庶人有事得帶劍，無事不得帶劍。

《西清古鑒》，有周服劍式三口，詳見本書古劍鑒別法。

4. 劍之鑄法

古代鑄劍，銅鐵互用。古傳採昆吾石冶鐵作劍，削玉如泥。漢魏以下，鑄劍多採楚鐵，即今之漢冶鐵，鍛鍊之後，取其精華，棄其糟粕。精華不多得，凡一斤之鐵，其精不過二三兩許。

火煉功夫，頗有高低，而水煉尤難，淬水功夫，非老於鑄劍，經驗宏富，不能得此中三味。

煉精之要，全在淬水時之適當熱力，古人又有油淬者，其法後世莫能實用。唐時南蠻人，且有用馬血淬者，不知其何所取意。漢蔡倫精於鑄劍堅密，為後世法，惜無專書，其鑄法不得傳。又如梁陶宏景為武帝用金銀銅錫鐵五種，合鑄神劍十三口，依劍術製造；此劍術法一書，後世又不傳，人莫知其究竟。

古人折鐵之法，失傳已久，近世造劍，終不及古人精工。西人素精煉鋼，但所鑄各劍，亦終不及中國古法鑄劍，所謂鏗然有聲，屈之如鉤，縱之直如弦，極盡剛柔之妙用矣。

（二）刀 考

刀之取意，刀者，到也，斬伐到其所，用力擊之。刀之末曰鋒，譬若蜂刺之毒利。其本曰環，形似環也。

古傳蚩尤作陌刀，所謂陌刀者，長刀也。《洞冥記》曰，黃帝採首山之金，始鑄為刀，是為刀之始祖。其在中國，蓋已有四千餘年之歷史矣。

古時刀名，有拍髀刀、佩刀、容刀、書刀、封刀、鉸刀等名目。

拍髀刀即是短刀，因帶刀時，拍在髀骨之旁，故名拍髀。佩刀因在佩帶之旁，又名容刀，因為有刀形而無刃，裝飾容儀之用。剪刀，剪物用書刀，刊削書簡所用。封刀、鉸刀，隨時名之。

唐朝武庫刀制有四，名曰儀刀、障刀、橫刀、陌刀。儀刀即古時班劍之類，其刀環作龍鳳形。障刀用以障身。橫刀即古之佩刀。陌刀即長刀，亦即古時之斷馬劍。

宋晉以來，名儀刀曰御刀，後魏時則名長刀，隋朝仍名儀刀，皆用龍鳳環。歷代以來，所有著名良刀已見本書古今刀劍錄，此不贅述。

至其製法，古人鑄刀，以五月丙午，取純火精以協其數，又以水火之齊，五精之煉，用陰陽之候，取剛軟之和細揣物理，鍛鑄自然精妙。

近世而論，日本鑄刀亦有名，日本人每生兒，親朋斂鐵相賀，投於井中，歲取鍛鍊一度，至長成刀，利不可當。

1. 腰刀造法

鐵要多煉，刀用純鋼，自背起用平鏟平削，至刀刃芒平磨無肩乃利，妙尤在尖。

近時匠役將刃打厚不肯用工平磨，止用側銼，將刃橫出，其芒兩下有肩，砍入不深，刃芒一秃，即為頑鐵矣。柄要短，形要彎，庶宛轉牌下，不為所礙，蓋就牌勢也，無牌則刀短不可入陣，惟馬上用之長，三尺二寸，重一斤十兩，柄長三寸。

2. 長刀造法

長刀造法，自倭犯中國始有之，跳舞光閃而前，我兵已奪氣矣。我兵短器難接，長器不捷，遭之者身多兩斷，緣器利而雙手使用力重故也。賊遠則發銃，近身則無他器可攻刺，惟此刀輕而且長，可備臨陣弁銃之用。

刀長五尺，後用銅護，刃一尺，柄長一尺五寸。共長六尺五寸，重二斤八兩。

（三）槍　考

剡木傷盜曰槍。古時衛公兵法，聽角聲第一聲，諸隊散立；第二聲，諸隊捺槍；第三聲，諸隊舉槍；第四聲，諸隊籠槍。此可見操槍動作大概。

宋時，吳璘疊陣法長槍居前，可見其制亦古。又直臘國軍隊，最擅槍術，裸體跣足，右手執標槍，左手執戰牌，所向無敵。

金人有火槍。所謂火槍者，以黃紙十六重為筒，長約二尺，以柳炭鐵滓磁（瓷）末硫黃砒霜之類，放置筒中，用繩將筒繫於槍端，軍士各懸小鐵鑵藏火，臨陳燒之，焰出槍前丈餘，藥盡而筒不壞，是為火槍之制，為槍之別創一格者，他如：

1. 王鐵槍

五代時，王彥章為人驍勇，持一鐵槍，騎而馳突，奮疾如飛，其槍他人莫能舉，軍中號王鐵槍。

2. 半段槍

唐哥舒翰善用槍，與吐蕃戰，持半段槍迎擊，所向無敵，追及賊，擬槍於肩，叱之，賊反顧，翰刺其喉，剔而騰之，高五尺乃墮地。

3. 丈八槍

宋岳飛與金人戰於太行山，擒其將拓跋耶烏。居數日，又與敵遇，飛單騎持丈八鐵槍，刺殺其將黑風大王，金人敗走。

4. 梨花槍

李全妻楊氏，諭鄭衍德等曰：三十年梨花槍，天下無敵手，今事勢已去。撐住不行。

歷代以來，名槍如林，其見於各種演義小說者，亦復不少，此不贅述。

5. 長槍製法

槍桿，桐木第一，劈開者佳，鋸開者紋易折。攢竹腰軟，必不可用。北方乾燥，用木杆，東南竹木皆可。須用細毛竹，長一丈七八尺，上用利刃，重不過四兩，或如鴨嘴或如細刀，或尖分兩刃。造法亦自脊平鏟至刃乃利。

做槍工匠，須知用槍大意，方做如式，教之十日，便悟宜綮。後手如細，則掌握不壯，要粗可盈，把從根起，漸漸細至頭而止，如腰粗，則硬不可拏；腰細，則軟而無力，杪粗與腰硬皆不可舉，是棄槍也。

或云長則易老，不可回轉，長則杪細，恐為馬闖折，不知有狼筅當鋒，籐牌在下，前行既有藩衛，去一丈餘矣。從筅空戳去，徑刺人馬喉面，彼既不可入我陣，我又能先及彼身，何憂細弱也？若前無筅牌，徑用槍以當之，必非全利。夫五兵之法，長以救短，短以救長，長既易邁而勢老，短又難及而勢危，故相資為用，此自然之勢，必然之理也。

6. 線槍製法

北邊舊有之，柄短刃禿，粗惡不堪。新製鐵頭長二尺，因柄細防敵刀砍斷，及用手奪去也，柄長七尺，粗僅一寸。鋒用兩脊兩刃，形稍扁，至鋒稍薄，又名透甲槍。

鋒用鋼三寸，左右刃用鋼一尺，以下皆鐵，從脊分鏟至刃。左右面平乃利，至胸更扁，漸寬又漸收，收薄則利，寬則刃入以下不滯矣。最利馬上直戳，用法亦如長槍。

（四）棍　考

棍之古名曰棓，《太公六韜》，天棓柄長五尺。此天棓實即棍也。

昔孫子魏武，曾以棍棒隊出奇制勝。古時又有所謂梃棒之類，其實皆棍也。棍之一名詞，在隋唐間見於史，而戚南塘《紀效新書》，傳有棍法，其式有扁身、中欄、大當、大頓、齊眉、滴水、上剃、下穿等法。隋大業末，天下亂，流賊萬人近少林寺，僧將避走，有老頭陀持短棍衝賊鋒，當者辟易，不敢入寺；乃選壯僧百人，授棍法，是為少林棍術之由來。

論器械之便，無過於棍，因其選擇時，最為容易，隨處可有。歷代武術中，以棍禦敵而奏奇功者，見諸史籍，不在少數。棍法一項，實為十八般武藝之宗。

近世盛行手杖，可代棍用，故習棍術，有自衛之便利。

棍之製法

棍之原料，以山東曲阜所產之黃蠟杆最佳。因其質細量重，入水即沉，而富於彈力。至白蠟杆、青蠟杆，其用較次，各省山地多有，優劣不等。入冬取材，春夏秋不宜。去其外皮，勿傷棍肉，免為蟲蛀。去皮之法，用鐵槽盛水，架棍槽上，以蔴布遮蓋，用水蒸之，其皮自脫，但棍身之疙疸肉，不可剞去。其尺度不拘，約分長短兩種，長者稱眉齊棍，其長齊人之眉；短者如日常所用之手杖，其長短重量粗細，用者自便可也。

二、臨敵取勝指南（即江湖自衛秘訣）

【攻勢】凡遇身體偉大，力氣強壯的人，在我身體後面，無意之間，抱圍我的腰部，如何解法？

【破法】此時最要之第一著，趕緊下跨馬勢，同時用頭，猛力撞敵人之鼻，用足後踢其陰部。倘然此法不得解，全身運力，用肘撞敵的胸部，或腹部肋部，自然可解。

【攻勢】倘然敵人同我各直其臂，相持不下，如何解法？

【破法】趕緊下跨馬勢（一名半馬）用足踢敵人之陰部，或用肘撞敵人之胸腹肋，當拗下的時候，用中三指，切緊敵人的之虎口。什麼叫虎口，就是大拇指的上縫中。

【攻勢】倘然其人距離甚遠，已經發腳要踢我，出拳高的上面，手臂直伸，如何解法？

【破法】此人可以斷定，未曾練過拳腳功夫，出拳，向高腋部空虛，手臂直伸，收縮不便，可以乘其空隙，猛力出手打之，或鉤住其手。

【攻勢】平日如逢仇人，用指用掌用拳用小刀用手槍向我胸部刺擊過來，如何解法？

【破法】用吞身法可以得解。什麼叫吞身法？就是我的身體，稍為折下，敵人即落一個空。此法熟練生巧，不拘一格，大有用處。

【攻勢】山林遇匪，或夜行遇盜，其人力大，硬打硬上，如何解法？

【破法】敵人硬打時，只有躲避，最好等於候時機，一邊口中發出怪聲，用以驚動其心，則其人之動作慢；一邊用足猛踢其膝，自然得解。倘然盜匪不止一人，用兩拳撞其眼珠，出拳愈快愈妙，不致為敵人鉤住。

【攻勢】路逢敵人，其人數有三四人，團團圍住，如何解法？

【破法】此時第一要緊，先用兩拳撞敵人之眼，然後看風色，用兩手抵擋，專用兩腳踢敵人最妙。

【攻勢】敵人數多，我孤獨一人，如何解法？

【破法】用力猛打當頭一人之要部，使其人不能出手，嚇退其餘之人。倘然四面圍住，把瘦弱者先下手一下，相機奔走，最為上策。

【攻勢】路遇強徒，突然擊我，一時不及還擊，如何解法？

【破法】須要眼快，側身閃避，閃的時候，腳要穩，腰要軟，閃過之後，身體乘勢前進，用力舉起一足，向敵人之要害跌去，其人必無法而逃。

【攻勢】敵人用手打我胸，或用腿踢我陰部，如何解法？

【破法】用手向胸部打來，快用一手鉤住，再用另外一手還打。用腿向我陰部踢來，快用一手搡開，使其人之腿不能進，然後猛力還擊，或用足鉤其人之腿，使失其力點落地。

【攻勢】敵人正面打擊，來勢極凶，如何解法？

【破法】用吞身法，把身體一折，使其擊空，或用兩手，借力一拉，其人必向前倒，眼快心靈最要。

【攻勢】在不防備的時候，有人突然從後面來，抱住我的胸部，如何解法？

【破法】被抱住時，手在外面，可以用力，將身體稍為一轉，用肘打敵人之胸部或頭部。

倘然兩手一起被敵人抱住，可用足根踏其足尖，或用手打其陰部，或用頭撞其頭，使敵人痛極，自然得解。

【攻勢】倘然被人用手抓住胸前，一時不得卸去，如何解法？

【破法】用手壓住其手腕，自己趕快退步，敵人之臂不能得力，自然脫手。

【攻勢】敵人近身，用手槍欲擊我，空手無槍還擊，如何解法？

【破法】此種形勢，最為危急，此時心不可慌，須要眼快，趕緊用手把敵槍向上一托，而用足尖猛向敵之陰襠踢去，或出手（另一手）向敵人之面門打去。

三、精神御氣術

天下萬物，不外陰陽動靜之理，一陰一陽，一動一靜，萬物生化，造就此奇妙之世界。就人之一身而論，亦不外乎此理，是故動極須靜，靜極須動，一定不易之理。無論拳家，與非拳家，盧陵所謂百憂動其心，萬事勞其形，在動乎中，必搖其精。人當勞動之後，須有一保養之妙法，回復其正氣，使邪氣無所得適。

夫人身內藏府，外營衛，於中十二經，十五絡，三百六十五孫絡，六百五十六穴，細微幽奧，曲折難明，必使正氣無傷，則外邪不入，諸痛諸積，何由而生？然則此保養之妙法為何？即心息相依，以神卸氣。

先兩足盤膝學佛，次握拳作太極式，法以左手緊握右手之拇指，而以右手所餘存之四指，緊抱左手之拳，即成。次置手於丹田之下，兩目似閉而非閉，甯神於臍上一寸三分，心下腎上，前三後七之中。初時，身覺微寒，由動而靜之故也，久則心腎交，正氣充，神和體舒，袪除百病，行之得當，確有返老還童之妙。

四、點穴指功練習訣

昔拳家生平數十年，致其精力於一指者，不乏其人。一指之功，神通廣大，每以一指禦敵，當者披靡。技術運用之妙，如此，所謂一指抵千斤，詢非虛語。

明代武當張三豐，致力氣功一道，發明三十六按點手。其點法有兩指點、一指點、斫點、拍點、掌印點、膝蓋撞點、手拐點。

繼張氏後者，有王亦瓢，創一百八手，合於人之一百零八穴眼。其手法有五字訣，即印擒側緊切是也。按此種手法，不肯輕易授人。總之練習指功之訣，使全身之力，發自丹田，而上達肩窩，然後由肩窩運行於食指之尖。下列四種，均是指功習練妙法。

1.用五指抓鐵球一個，重約斤餘，當球向下未落地時，即用手指將球抓住，日行數十次，逐漸加重鐵球分量。

2.每日用左右兩食指尖伸直按於壁上，足向後退，身向前撲，初練覺指力不能勝任時，即止，常練指功勝人。

3.兩手十指，用力張開，臂向上伸，指端觸於頭頂上面預先張好之布上，以拇指第一節，及其餘四指之第一第二兩節，用力彎曲，空抓上面之布，指即伸直再抓，每日數十次。

4.用熱油滴指尖上，擦之待冷。凡擦三次，指上表面，生成厚膜一層，然後取一斗，斗中盛砂。每晨手指用力插入斗中，數年不間斷，指力非常。

五、西洋拳法研究

中國拳法，內家一派，說理極深，各種姿勢，可以合五行八卦，動作尚勁不尚力，尚意不尚氣，實屬體育之一種。調和氣血，陶養性靈，為養生無上妙法。

西洋拳法，則有專門拳術學校，其所注重研究者，為一種打擊法。西洋拳法，似較中國拳法為簡單，所研究之一種大打擊，即用一種利害之打擊，加於敵身主要之部，如心部頷部胃部等，蓋用迅雷不及掩耳之拳擊，使敵方感受重大苦痛，不能應付。此種大打擊，為大拳家約翰西里文氏所首倡。

最有效力之打擊法有四：

一曰胃部打擊法，為大拳家拉盤脫非子新忙氏所倡，氏曾用此法，在世界選手比賽中，獲得勝利云。

二曰腎部打擊法，為美國詩家谷體育俱樂部導師喬治道森氏所創始。據說其手法，先用左手向敵人之面部，突然猛擊，然後用右手向敵人之左腎打擊；如欲擊敵人之右腎，則變右手為左手，其法相同。但被擊者較他種打擊，痛苦而危險多。須有把握，方可施行，否則不當濫用云。

三曰肝部打擊法，其方法先用一種名叫假拳，向敵人右邊作打擊之勢，此時敵人必作一種局部的守勢，用以掩護，於是乘其身體向前傾之隙，上前一大步，向其肝部下一打擊。此種打擊法，在傾刻間，可使敵人失敗，效力大而危險少，甚為可取云。

四曰頷部打擊法，此種打擊，先左手拳握甚緊，身體向前趨，作欲擊之勢，從上面或下面，破敵人之守勢，突然向敵人之頷部打擊，擊著之際，胳膊伸直，手掌向下，用全勁，但出手愈快愈妙。此法為大拳家密克奧氏所創始云。

古代西洋拳場決鬥，交綏主張長時間，自五六十合至百餘合不等，自大打擊法出，能於短時刻內，決定勝負。至其拳法，可得而約言之，其主要法，有移步法、障法、遁法、推擊法、挫法、假拳法、蹲踞法、把持法、封法。

（一）障　法

障法之應用，在利用自己之手臂或肘，障礙敵人之襲擊。其法初無定則，必須隨機應變，全賴敏捷之眼法。障礙出拳，常用右手，用力視敵方來勢為度。

（二）遁　法

遁法，實即中國之閃法，前後俯仰，左右轉側，使敵人拳落空也。例如敵拳猛從左面來，意欲作頷部大打擊，速即身體略向前俯，轉頭部於右方，使敵拳從左肩滑過。

（三）推擊法

敵拳猛擊過來，出左手或左臂，將其臂一推，使失其目的，且可動搖其勢，使站立不穩。

（四）挫　法

挫法之利用，亦在眼光之敏捷。所謂頓挫者，即自己之拳，對於敵人之拳之頓挫也。

施行此法，在料到敵拳如何擊過來，同時右手掩護上部，左手握拳，對其來勢猛擊，則敵人之拳，大受頓挫矣。

（五）移步法

移之應用，在敵人衝擊時為之。其法將右足稍向後移，左足指對右足跟，全身向右作一大踏步，隨即向左作同樣之移步，然後還原地位，姿勢動作須快。

（六）假拳法

偽法之意，即中國八式中之驚，在搖動散亂敵人之心意，實即一種聲東擊西之拳擊，使敵人不得逞。

假拳最要之訣，出拳須神速，如欲擊敵人之頷部，先用左手，向敵人之胸部，作攻擊之勢，敵手注意掩護胸部，我即乘隙，猛向頷部擊去，此為極活動最高妙之手法，西洋大拳家所常用。但使用假拳時，自己身體地位，須保持穩固，方不致失敗。

（七）蹲踞法

西洋拳法中之蹲踞法，以即中國之馬步。此法之用處，在得力。如出左手向敵身打擊時，兩足向右側面蹲踞，身體略向右傾，右手掩護胸部，此時運用背肩兩部全力，向敵身直擊，極為得力，而自身地位，又非常穩固，此為西洋著名拳家常用以取勝之一法云。

（八）把持法

此法與中國拳法中之封法，似同而實異。何以故？中國之封法，其用意在封敵之門，挫敵之勢，使敵人無所施其技，法為積極的。西洋拳法之把持法，則必交手後，力氣來不及之際，應用此一法，在身體逼近敵人，將為敵人還擊，氣力已敝，危迫之際，急用兩臂緊逼敵人兩臂周圍，前臂封住其肘骨，使不得出手，此為一種末法之抵禦云。

（九）封 法

此封法之意，即中國八式中之封，在掩護全身各部，使敵無從下手。法身體直，腹部向內收，左足屈，右足略屈，距離一大步；右前臂橫過面部，鼻頷適藏於肘內，左手橫當身前，掩護心部肋骨。敵人進攻衝擊，用此法一封，無論用何種拳來，可以移動趨避云。

西洋拳法，用手用拳不用腳，如用足踢，即作失敗論，此與中國拳腳並用者，情形不同。

至其出拳方法，有上擊拳、直擊拳、短拳、鉤拳、運轉拳、交叉拳，又有一種誤拳，即一種不正當不合式之拳擊。有少數拳家，往往利用之取勝，但為公斷人查見，即作失敗論云。

又西洋拳擊比賽，決鬥員各御一種手套，再有一種賭金，此種情形，為中國所無者。

六、劍　訣

明淮北李某，精劍術，父老傳說，遺有劍經一種，但今已湮沒不聞。竊維中國劍史，已有數千餘年之久，後世習劍術者，皆出自私人授受，故為神秘，此為失傳一大原因。

昔年有人曾於朝鮮，獲得劍訣一種，斷篇殘簡，說焉不詳。其歌句如下，可見古法一斑，但玩其辭句，命意遣詞，無所適從，此皆當時一種術語，一經失傳，後人自然無從索解，真相莫明，徒留想像耳。

劍訣如下：

電掣昆吾晃太陽，一升一降把身藏，

搖頭進步風雷響，滾手連環上下防，

左進青龍雙探爪，右行單鳳獨朝陽，

撒花蓋頂遮前後，馬步之中用此方，
蝴蝶雙飛射太陽，梨花舞袖把身藏，
鳳凰展翅乾坤小，掠膝連肩劈兩旁，
進步滿空飛白雪，回身野馬去思鄉。

劍術閃轉進退，升降變化，運用精微，非如他種器械，徒作技藝之末也。昔年馬將軍曾曰劍有魂魄，有真像。魂魄者，天然之能力也；真像者，運用之姿勢也。

劍之天然能力甚多，約而言之，概有十七字，曰刺，曰剪，曰劈，曰砍，曰撩，曰挑，曰摸，曰錯，曰抛，曰衝，曰攔，曰弸，曰掛，曰托，曰絞，曰束，曰雲是也。

劍鋒直向前方為刺；劍鋒由側突向下擊為剪；劍身由上猛然向前向下為劈；劍身由側方坡向前向左或右為砍；

劍身由下猛向前向上為撩；劍鋒由下猛向前向上，向上多，向前少為挑；劍身猛向前向下斜行為錯；劍身平出，劍鋒由前猛平迂迴為撲；劍身向左或右平行為抛；

劍身由下向前向上直行，劍鋒向前多，向下少為衝；劍身由上向下向左或右斜截為攔；劍鋒由下猛向上升為弸；劍身由前猛向外向後斜帶為掛；劍身由下猛向上横行為托；

劍身斜坡由上向左或右斜轉為絞；劍鋒向前，劍刃向劍身連連斜向後帶為束；劍身由上向左或右旋轉為雲。

以上劍之能力，乃先動而有之效力，復以劍平置於一處，只露其鋒，誤觸之必刺，猛壓其尾，劍鋒上升必弸，劍鋒向上，任豎立於一處，劍倒則必劈，似此情形，乃不動而有之效力，要之皆天然魂魄，原有之能力也。

七、三十六道穴眼制命法

醫經曰，不通則痛，人身氣血調和，營衛通暢，自然無病無痛。倘然一經重大打擊，斷絕氣血之行道，自然不通而致死。人生三百六十骨節，一百零八道穴眼，內有三十六道穴眼，可以制人之命。

頭額屬心經，不可損。打重遇風三日死，不遇風可免。

兩眉間為眉心穴。打重三日死，輕可免。

頭額兩邊為太陽穴。打重十四日死，損及耳目流血者不死。

頭腦後為枕骨，管十二經。重損一日即死，輕則七日死。

腦後兩連屬太陽經，有藏血穴。打重大損血氣，四十日死。

近耳後屬肝膽經，為厥陰穴。打重四十日必死。

心口上為華蓋穴，屬心經。打重則血迷心竅死；輕則心胃氣血不行，速治可不死。

心口中為黑虎偷心穴，屬心經。打重二十日死。

心口下一寸五分，為巨闕穴。打重人事不省，用劈拳向右邊肺底穴下半分打去，即醒；醒後不癒，百日死。

臍上水分穴，屬小腸胃二經。打重二十八日死。

臍下一寸五分，名氣海穴。打重七日死，輕則四十九日死。

臍下三寸，名關元穴。打重五日死，輕則二十四日死。

臍下四寸，名中極穴。傷重則二便不通，十二日死，輕則一百零八日死。

左乳上一寸六分，名膺窗穴，屬肝經。打重十二日死，輕則四十八日內死。

左乳下一寸六分，名乳根穴，屬肝經。打重吐血死，輕則三十四日內死。

左乳下一寸六分，停開一寸，為期門穴，屬肝經。打重三十八日死。

左乳上一寸六分，名膺窗穴，屬肺經。受刀槍傷，一百十六日死。

左乳下一寸六分，名乳根穴，屬肺經。打重九日死，或兩鼻出血死，輕者一年死。

右乳下一寸六分，旁開一寸，為期門穴，屬肺經。打重三十六日死。

左右乳下，同一受傷，名為一計害三腎三夾者死，心肝肺三經傷重，則七日死，輕則四十九日死。

心下巨闕穴，兩旁各開五分，為幽門穴，左屬肝，右屬肺。打重一日即死。

左肋梢骨盡處軟肉邊，為血囊，名章門穴。打重四十九日死。

左肋近臍處，為血門，名商曲穴。打重六月而死，輕則一年死。

右肋梢骨盡處軟肉邊，為氣囊，名章門穴。打重百日死，輕則一年死。

右肋近臍處為氣門，名商曲穴。打重五月而死，輕則十月必死。

右肋梢骨下一分，名腹結穴。打重六十日死，輕則一年死。

凡人背上穴道，生死所繫背上數下第十四節骨下縫為命門穴。打重者暈去不醒而死。

第十四骨節下，兩旁各開三寸，名智掌穴，屬腎經。打重三日死。

第十四骨節下，兩旁各開一寸五分軟肉處，為腎命穴。打重一年死。

腎俞穴下兩旁，有氣海俞穴。打重四十二日死。

尾閭骨下，兩腿骨盡處中間，名鸛口穴。打重一年死。

兩腳底心，名湧泉穴。傷重十月死。

肛門前，陰囊後，名海底穴。傷重七日死。

八、少林各種解救藥

（一）跌撲疼痛

跌打未曾出血，內傷疼痛者。

延胡索鹽水炒研，每服二錢，日進二服，陳酒調下；或用乳香、沒藥，俱在箬葉上炙去油，研細，每服一二錢，酒調下，皆止痛之妙品也。

外用蔥白，不拘多少，搗爛炒勢罨傷處，冷則易之，止痛如神，不拘已傷出血，連傷處罨上，止痛止血之第一品也。

（二）氣絕不言

跌打損傷，氣絕不能言者。

急用韮菜汁、童便各一盞，溫服即醒。常用韮汁和酒少許服，且能止痛。

（三）導氣通瘀錠

治跌撲損傷，撞破頭腦，愈後耳聾奇方。

用不去油巴豆一個，班蝥三個，麝香少許，以蔥汁、蜂蜜和撚如麥粒形，絲綿裹置耳中，響聲如雷，勿得驚懼，待二十一日，耳中有膿水流出方可去錠，奇妙無比。

（四）渾身打傷方

大生蟹一隻，小者三隻，搗爛，熱黃酒冲服，服極醉一夜即癒。

（五）綴耳鼻法

用人髮入煬城罐，以鹽泥固濟煅過為末，乘急以所傷耳鼻，蘸藥安故處，以軟絹縛，定效。昔江懷禪師，被驢咬落其鼻，一僧用此綴之如舊。

（六）金刃傷

治金刀傷。鐵扇散急不可得，即用剃頭抹刀舊布燒灰敷傷口，立刻止血結痂。其效如神。

（七）刀斧傷方

韮菜、石灰二味，搗爛貼在牆上，曬乾研末收貯，被刀斧傷流血不止者，摻上立癒。

（八）續骨丹

乳香、沒藥、孩兒茶、蠶殼燒灰各等分為末，每服二錢，接骨用黃酒送下；欲下瘀血，燒酒送下。

（九）接骨神丹

土木鱉去殼一合炒，半夏三錢，巴豆霜去油三錢，共為細末，每用二分，黃酒送下。

（十）接骨丹

將糞窖內多年瓦片，洗淨醋煆九次，研末，每末一兩，加五茄皮，男子髮灰，各五錢，好醋調。每歲一分，好酒送下。再用竹四片，將竹青向內夾定患處，勿動。若皮破者，勿用摻藥。

（十一）立止血方

用舊棉絮燒灰掩之。

（十二）骨節損脫方

生蟹一隻，打極爛，用滾熱酒傾入，連飲數碗，即以蟹渣塗患處，半日間瑟瑟有聲，脫處自合。不能飲者，數杯為率。

（十三）接骨膏

生地、當歸、大黃、寄奴、雄鼠屎各二兩，鬧楊花、紅花、上肉桂、川烏、草烏、大戟、芫花、甘草各一兩，甘遂五錢，五靈脂、山甲各一兩，紫荊皮、血餘、地鱉蟲各三兩，野苧根四兩。上用麻油四十四兩，桐油二十四，煎丹收好，加乳香、沒藥、血竭、阿魏各一兩，加桃柳桑槐更妙，另用地鱉末一兩，鬧楊花末五錢收膏。

（十四）宿傷立愈方

芥菜子研碎、飛麵二味等分，用調和敷傷處，覺痛，則宿傷出而癒矣。

（十五）西洋十寶散

世人尚氣，每有事甚細微，一語不合，輒即鬥毆，刃傷為多，又不善於調治，動致斃命。十寶散治傷神方，奇效異常，慎選真實藥材，如法製備，無論跌打損傷，金刃他物，骨折骨碎，照方醫治。勿臥熱炕，定有奇效。

冰片一分二厘，麝香一錢二分去油，辰砂一錢二分，子紅花四錢，麝香一分一厘，雄黃四錢，血竭一錢六分，兒茶二分四厘，沒藥一錢四分，歸尾一兩。以上十味，共為細末，瓷瓶收貯，黃蠟封口，勿令洩氣。

一治刃傷及器械傷皮破血出者。以藥末摻上包裹，不可見風，血止即愈（即「癒」，以下同）。

一治跌打損傷，皮肉青腫未破者。用陳醋調敷患處，腫消即愈。

一治內傷骨碎，或骨已斷折。先將骨節奏准，用陳醋調藥末，厚敷患處，以紙裹外，加老棉絮包好，再用薄板片夾護，將繩慢慢捆緊，不可移動，藥性一到，骨自接矣。須靜養百日，如犯房事，必成殘疾。

一治刃傷深重，未致透膜者。先用桑皮線縫好，多摻藥末於上，以活雞皮急急貼護，如前骨損養法即愈。

一治跌打昏迷不醒。急用一錢，同酒冲服，自然醒轉，以便調治。

九、技擊專門名目解

撾邊手：凡擊人肋下空處，名撾邊手。

踩洪門：凡與人相搏時，在正中直進，名踩洪門。

撞碑手：凡直擊人之胸膛，名撞碑手。

踩邊門：凡與人相搏時，在左右取側鋒而進，名踩邊門。

踢燈：凡踢擊人之腰腎穴眼，名踢燈。

破瓜手：凡打擊敵人之人中，名破瓜手。
金錢穴：凡打擊敵人之兩太陽穴，稱金錢穴。
貫膛手：凡灌人之腋窩，名貫膛手。
孩兒紅：凡打擊人之眉心穴，名孩兒紅。
灌穴：凡擊人之肩窩合縫凹處，名灌穴。
鐵掃手：凡用指掌掃擊人之眼珠，名鐵掃手。
倒樹：凡用足踏人之足尖，名倒樹。
斬龍手：凡用掌擊人尺脈脈根，名斬龍手。
毒蛇尋穴手：凡用手指插人之咽喉，名毒蛇尋穴手。
雙刀斬鼠：凡用雙掌斫人之膀肉，名雙刀斬鼠。
換枕手：凡暗自敵人背後，出手拍破敵之後腦，名換枕手。
照風手：凡擊敵人之耳根，名照風手。

托陰手：凡擊人之腎陰，名托陰手。

沈海手：凡擊人之尾脊，名沈海手。

十、太極拳論

一舉動，周身俱要輕靈，尤須貫串。氣宜鼓蕩，神宜內斂，無使有缺陷處，無使有凸凹處，無使有斷續處。其根在腳，發於腿，主宰於腰，形於手指，由腳而腿而腰，總須完整一氣，向前退後，乃得機得勢。有不得機得勢處，身便散亂，其病必於腿腰求之，上下前後左右皆然。凡此皆是意，不在外面。有上即有下，有前即有後，有左即有右。如意要向上，好寓下意，若將物掀起而加以挫之之意，斯其根自斷，乃壞之速而無疑。虛實宜分清楚，一處自有一處虛實，處處總此一虛實。周身節節貫串，無令絲毫間斷耳。

長拳者，如長江大海，滔滔不絕也。十三勢者，掤、握、擠、按、採、挒、肘、靠，此八卦也。進步，退步，左顧，右盼，中定，此五行也。掤，握，擠，按，即乾、坤，坎，離四正方也；採，挒，肘，靠，即巽、震、兌、艮四斜角也；進、退、顧、盼、停，即金、木、水、火、土也（原注云此係武當山張三豐老師遺論「欲天下豪傑延年益壽，不徒作技藝之末也。」）

十一、太極拳經

太極者，無極而生，動靜之機，陰陽之母也。動之則分，靜之則合，無過不及，隨曲就伸。人剛我柔謂之走，我順人背謂之黏；動急則急應，動緩則緩隨。雖變化萬端，而理為一貫。由著熟而漸悟懂勁，由懂勁而階及神明，然非用力之久，不能豁然貫通焉。虛領頂勁，氣沉丹田；不偏不倚，忽隱忽現；左重則左虛，右重則右虛；仰之則彌高，俯之則彌深；進之則愈長，退之則愈促；一羽不能加，蠅蟲不能落；人不知我，我獨知人；英雄所向無敵，蓋皆由此而及也。

斯技旁門甚多，雖勢有區別，概不外乎壯欺弱慢讓快耳。有力打無力，手慢讓手快，是皆先天自然之能，非關學力而有為也。察四兩撥千斤之句，顯非力勝；觀耄耋能禦眾之形，快何能為？立如平準，活即車輪；偏沉則隨，雙重則滯。每見數年純功，不能運化者，率皆自為人制，雙重之病未悟耳。

欲避此病，須知陰陽，黏即是走，走即是黏；陰不離陽，陽不離陰；陰陽相濟，方為懂勁。懂勁後，愈練愈精，默識揣摩，漸至從心所欲。本是捨已從人，多誤捨近求遠，所謂差之毫髮，謬以千里，學者不可不詳辨焉。

十二、十三勢歌

十三勢勢莫輕視，命意源頭在腰隙；
變轉虛實須留意，氣遍身軀不少滯；
靜中觸動動猶靜，因敵變化示神奇；
勢勢存心揆用意，得來不覺費工夫；
刻刻留心在腰間，腹內鬆淨氣騰然；
尾閭中正神貫頂，滿身輕利頂頭懸；
仔細留心向推求，屈伸開合聽自由；
入門引路須口授，功夫無息法自修；
若言體用何為準，意氣君來骨肉臣；
相推用意終何在，益壽延年不老春；

歌兮歌兮百四十，字字真切義無遺；
若不向此推求去，枉費功夫貽嘆惜。

十三、十三勢行功心解

以心行氣，務令沉著，乃能收斂入骨。以氣運身，務令順遂，乃能便利從心。精神能提得起，則無遲重之虞，所謂頂頭懸也。意氣須換得靈，乃有圓活之趣，所謂變動虛實也。發動須沉著鬆淨，專主一方。立身須中正安舒，支撐八面。行氣如九曲珠，無往不利（氣遍身軀之謂）。運動如百煉鋼，何堅不摧。形如搏兔之鵠，神如捕鼠之貓。靜如山岳，動若江河。蓄勁如開弓，發勁如放箭；曲中求直，蓄而後發。力由脊發，步隨身換。收即是放，斷而復連。往復須有摺疊，進退須由轉換。極柔軟，然後極堅硬。能呼吸，然後能靈活。氣以直養而無害，勁以曲蓄而有餘。心為令，氣為旗，腰為纛，先求開展，後求緊湊，乃可臻於縝密矣。

又曰，先在心，後在身。腹鬆，氣斂入骨，神舒體靜，刻刻在心。切記一動無有不動，一靜無有不靜。牽動往來氣貼背，斂入脊骨。內固精神，外示安逸。邁步如貓行，運動如抽絲，全神意在精神，不在氣，在氣則滯。有氣者無力，無氣者純剛。氣若車輪，腰如專軸。

十四、日本柔術考

柔術尚勁不尚力，以柔制剛之術，為武術中之別開生面者。日本柔術，亦有派別，其派別稱為流，如竹內流、講道館流等是。

考柔術之要訣，有似我國拳家之致力於氣功，初學氣滿，譬之摩利支天之像，其心雖一，同時能司六手之活動，蓋全在精神貫注，真氣磅磚，深寓陰陽動靜之理，確為武術中上乘。

但溯其源流，實出自中國。當明代萬曆時，中國即有此術。永祿年間，中國人陳元賓氏，渡海赴日，居日之武州江戶地方，傳授此術。日人得氏之真傳者，為福野正勝、三浦義辰，磯貝次郎左衛門三人。日本柔術，斯為鼻祖，其後師徒授受，支派自多，有三四十流之多。

其中楊心流一派，最擅勝場。此派之創始人，為醫生秋山四郎兵衛，日之長崎人，來我國訪求，得柔術活生法二十八種，歸國後寄身古剎，研究柔術，隆冬大雪，獨見柳枝不積雪，感悟柔理，發明三百三手，彙為巨觀。

柔術中之亂捕，用腰手足締逆等法，至其各式打擊抵禦，□（原書漏一字）擊有跳有扭有拂有投有挫有拉有蹴有返有傾有固有締，如決勝時危及生命，並有各種活法以救濟之。總之其術之妙用，在心如柳枝，四肢靈動，全身之力，著重在腰部，而練習之始，尤重在沈毅膽力以植其基礎云。

十五、征南射法

王征南先生有絕技曰射。余聞先生名，因裹糧至寶幢學焉，先生亦自絕憐其技，授受甚難其人，亦樂得余而傳之。

其射法一曰利器。調弓審矢，弓必視乎已力之強弱，矢又視乎弓力之重輕，寧手強於弓，毋弓強於手。如手有四力五力，寧挽三力四力之弓。古者以石量弓，今以力一個，力重九斤四兩，三力四力之弓，箭長十把，重四錢五分，五六力之弓。箭長九把半，重五錢五分，大約射的者，弓貴窄，箭貴輕，禦敵者，弓寧寬，箭寧重。

二曰審鵠。鵠有遠近，欲定鏃之所至，則以前手高下準之。箭不知所落處，是名野矢。欲知落處，則以前手之高下分遠近，如把子八十步，前手與肩對一百步，則與眼對，一百三四十步，則與眉對，最過一百七八十步，則與帽頂相對矣。

三曰正體。蓋身有身法，手有手法，足有足法，眼有眼法，射雖在手，實本於身。忌腆胸傴背，須亦如拳法蹲矬連枝步，則身不動，臂不顯，肩肘腰腿力，萃於一處。手法務要平直，必左拳與左肩，左肩及右肩右肹，節節相對。

如引繩發箭時，左手不知巧力，盡用之右手。左足尖右足跟與上肩手相應。眼不可單看把子，蓋眼在把子，則手與把子反不相對矣。只立定時，將左足尖恰對垜心，身體既正，則手足自相應。引滿時，以右眼觀左手，無不中矣。

然此雖精詳纖悉，得專家之秘授者，猶或聞之。而唯是先生之所注意，獨喜自負。迥絕乎凡技之上者，則於斗室之中，張弦自矢出而注鏃，百發無失。卷席作垜，以凳仰置桌上，將席閣之，使極平正，以矢鏃對席心，離一尺，滿彀正體射之，矢著席，看其矢鏃偏向或左或右，即時救正之，上下亦然，必使其矢從席罅無聲而過，則出而射鏃，但以左足尖對之，信手而發，自然無失。此則先生熟久智生，劃焉心開而獨創者也。

十六、古劍鑒別法

古劍式樣甚多，鑒別非易。試觀古今注，漢高三尺劍；而始皇記，秦皇之劍長八尺。尺度相差如此，可見一斑。周官姚氏製劍，臘廣莖圍，各有定制。

《考工記》，亦載劍古器名，兩刃而有脊，自脊至刃謂之臘，或又謂之鍔；脊刃以下，與柄分隔者，謂之首；以下把握之處，曰莖；莖端施環，曰鐔。以上是最古之劍式各部名稱。

古之精於造劍者，首推蔡倫，《後漢書・蔡倫》傳曰：「蔡倫為上方令，永元九年，監作秘劍及諸器械，莫不精工堅密為世法。」而善於相劍者，則為君大。《桓子新論》云：「君大素曉習萬劍之名，凡劍遙視，不須手持熟察。」是則君大其人，實為古之鑒別專家矣。

梁陶弘景《刀劍錄》，載劍之年月尺度，及其上面之篆文頗詳，供後人研究資料不少。惜繼陶氏後者而作不多，但陶氏之錄，多少予吾人以鑒別時之借鏡矣。

閑嘗考西清古鑒，有周服劍式三口。

第一口，劍身長一尺三寸四分，臘（劍身）廣一寸四分，兩從（劍刃）各五分五釐，鍔（劍脊至劍刃）一分五釐，莖（劍柄）廣一寸五分，首（護手）長二寸七分，以玉為莖，（劍鐓）與手共重二十五兩。按周禮注，六兩半有零為一鋝，則四鋝有歉，古權三當今之一。

第二口劍身長一尺四寸七分，臘廣一寸三分，兩從各三分，鍔三分五釐，莖廣一寸五分，首長二寸七分，重二十三兩。

第三口，劍身長一尺一寸，臘廣一寸一分，兩從各三分五釐，鍔三分五釐，以玉為莖，與首共重九兩。

以上三口，確是最古劍式，皆為一種佩帶用品，其目的在裝飾儀表，古寶劍舉例。

（一）定秦劍

道咸豐間，陝農獲劍一口，長三尺餘，斑鏽甚多，古意盎然。劍為銅製，上有篆書似為〇秦二字，其一字，模糊不可辨。後為某士人以一金市去。按《刀劍錄》載，秦始皇採北祇銅鑄二劍，銘曰定秦，小篆書，李斯書，埋在阿房宮閣下；一在觀台下，長三尺六寸。此劍未知即是古之定秦劍否。

（二）楊修劍

昔年齊魯古墓中，或傳即是曹操墓，發見一劍。劍身長一尺六寸八分，柄長八寸，重十四兩，劍鐓作圓環形，護手及劍柄劍鞘，似均為木質，吞口似為紫銅。劍式極古，隱約見篆書楊修二字。

考曹操好擊劍，文士傳，魏文帝（即曹操）愛楊修才，修誅後，追憶修，修曾以寶劍與文帝，文帝後佩之，告左右曰此楊修劍也，則此劍似為曹操平素佩帶，以念楊修，及死以之殉葬。

（三）古將折鐵寶劍

劍一口，劍身一邊是刃，一邊是背，彷彿刀狀，形狹長，鋒銳利，劍身中間，有一寬凹槽，劍背邊處，有一窄凹槽，長三尺四寸三分，重一斤四兩，狀極古雅，有剛柔力，能彎曲自如，單雙手持之，無往不利，此是古大將所用折鐵寶劍。

（四）永用劍

永用劍是銅質鑄，為古吳季子之子逞之佩劍。劍上有鐘鼎文，為「吳季子之子逞之永用劍」十字，長度為一尺五十六分，重量為一斤六兩。劍柄極短，不能容手。此劍式樣頗小，度為古代佩持之小手劍。

（五）曹操對鋒劍

民國七年，山東濟甯西關掘土，於古墓中得刀式古劍一口，長三尺二寸四分，寬約一寸二分，重一斤七兩。其柄與護手，均作刀形，劍背貼護手處，有篆文曹操對鋒利刃。

劍身貼護手處，鑄有三朵小花。劍身中間，貼劍背處，有凹槽三道。劍鐓與護手，皆古年嵌銀精鑄。柄微彎，與刀柄同，能柔能剛。形狀極古，用劈剛柔之物，迎刃而解。

十七、英國倫敦拳場章程

1.拳場佈置，面積為二十四英方尺，周圍打樁八個，用鉛絲圍繞，分上下二層，上層離地約四英尺，下層離地約二英尺，場中央立一標記。

2.每一交手人，應有見證二人，隨從一人。初入場，交手者行握手禮，俟各交手人之見證人。拈鬮後，然後各就相當步位，開始決鬥。拈鬮得勝方面之交手人，取順風背日之步位；其敗者，則對勝者立於對角線之一方面。

3.交手人各備顏色手巾一方，其色由交手人自擇，見證人即將手巾懸於中央之樁上，是名勝利旗，俟決鬥終了，勝者得佔有敵方之顏色旗，以誌紀念。

4.見證人得查交手人之衣服，若發見藏有不正當之物，應告訴公正人，請由公斷人命令更換。

5.後盾人與見證人，得公舉二人為公正人，在場觀賽，司糾正一切破例情事。公正人又須公推一人為公斷人，如遇有辯論，由公斷人秉公判斷。公斷人備時計一具，以便糾正決鬥時間。凡一切問題，公正人未經告訴於公斷人，則公斷人不得有何主張，但公斷人之判斷，公正人須完全遵從之。

6.決鬥員既皆預備畢集，即由見證人領至各人應站之部位。先兩方見證人握手，引退，決鬥員即可為開始動作，直至終場。見證人非經公斷人允許，不得入場，違者以失敗論。

7.凡選擇拳手時，見證人故意損傷其自己方面拳家之敵手，該方面之拳家，得由公斷人判定，作為失敗論。

8.交手人所穿靴鞋，其上面之釘，至多得置三枚，其離鞋底長度，不得過六分之二英寸。其尖頭之闊度，須在八分之一英寸以上。釘之二枚，置於鞋底之最闊部分，其餘一枚則置於足跟。若交手人不遵此項規定，或在鞋上多置一釘，公斷人得命其除去或更換。

9.三十秒時休息時間將至，公斷人宣告重行決鬥，交手人聞告即行入場，立於應站之步位，見證人當即出場。若一方見證人遲退八秒鐘，則該方面即作為失敗論。又決鬥員不能於公斷人宣告時間之後八秒鐘內，行進原部位，亦作失敗論。

10.凡未受他人打擊，故意撲地，作失敗論。但因閃避打擊，致失足墮地者，不在此例。

11.凡敵手已經落地，而再行打擊，作為誤拳論。凡一手一膝落地，或二膝落地，作全體落地論，但此時不能對敵打擊。或試行予以打擊。

12. 決鬥時除公斷人與見證人外，無論何人，不准入拳場。

13. 不准用頭撞人，犯者作失敗論。

14. 公正人與公斷人應站於繩圈之外，鐵樁之中間。

15. 凡決鬥未終了，而下屆時間延長者，賭金宜各收還，或仍由公正人管理之亦可。

16. 凡因官廳干涉，或他種原因，決鬥不能終了時，由公正人宣告重定時期與場所。

17. 兩方之見證人，對於自己方面之決▲員，毋庸指導一切，若遇有不快情事，只得暫時緘默，不必有所主張。

18. 凡對敵腰部以下行打擊，作誤拳論。

19. 凡決鬥時，手套中如發見夾帶石子鐵屑等，作誤拳論。

20.凡用誤拳，為公正人查見，當即退站原部位，由公斷人判定之。

21.終場時，決鬥員之一人或二人將墮地，雙方見證人，得進拳場，以手持之，但除見證人外，餘人皆不得為此。

22.凡用足躉敵或當將落地時，緊靠敵腿，用以支持，作誤拳論。

23.決鬥員於未終場時，忽然自行中止出場，作失敗論。

24.凡用指爪或用牙齒傷敵皮肉者，作誤拳論。

25.凡利用拳場繩束取守勢者，作失敗論。

26.非為敵手推撲出場，或未得公斷人允許，貿然出場，皆作失敗論。

27.賭金一律在決鬥終了後，公平公派之。

一八、日本柔道場規則

凡柔道場，不論其規模之大小，一律以門之右部為參觀所招待觀眾。

凡柔道場，設裁判官，秉公判斷一切事宜。

凡在柔道場練習時，足之位置，作八字形，先向正面行禮，再向參觀人行禮，然後入柔道聲中央，雙方互相一禮，開始練習。

凡角勝時，勝負難分，則六分或七分者為全勝。

凡入柔道場，勿得舉動輕慢。無論練習或角勝時，遇有事故發生，須依從裁判官之主張。

凡裁判官裁判不能決定時，參觀所出檢查之人。

一九、古今刀劍錄

夏禹子帝啟在位十年，以庚戌八年，鑄一個銅劍，長三尺九寸，後藏之秦望山，腹上刻二十八宿，文有背面，面文為星辰，背記山川日月。

啟太子康在位二十九年，歲在辛卯三月春，鑄一銅劍，上有八方面，長三尺二寸，頭方。

孔甲在位三一年，以九年歲次甲辰，採牛首山鐵，鑄一劍，名曰夾古，文篆書，長四尺一寸。

殷太甲在位三十二年，以四年歲次甲子，鑄一劍，長二尺，文曰定光，古文篆書。

武丁在位五十九年，以元年歲次戊午，鑄一劍，長三尺，銘曰照膽，古文篆書。

周昭王瑕在位五十一年，以二年歲次壬午，鑄五劍，各投五嶽，名曰鎮岳尚方，古文篆書，長五尺。

簡王夷在位十四年，以元年歲次癸酉，鑄一劍，長三尺，名曰駿，大篆書。

秦昭王稷在位五十二年，以元年歲次丙午，鑄一劍，長三尺，名曰誠，大篆書。

秦始皇在位三十七年，以三年歲次丁巳，採北祇銅鑄二劍，名曰定秦，小篆書，李斯刻，埋在阿房宮閣下；一在觀台下，長三尺六寸。

前漢劉季，在位十二年，以始皇三十四年，於南山得一鐵劍，長三尺，名曰赤霄，大篆書，及貴，常服之，此即斬蛇劍也。

文帝恒在位二十三年，以初元十六年，歲次庚午，鑄三劍，長三尺六寸，名曰神龜，多刻龜形，以應大橫之兆，帝崩命入系武官。

武帝徹在位五十四年，以元光五年，歲次乙巳，鑄八劍，長三尺六寸，名曰八服，小篆書，嵩恒霍華太山五嶽皆埋之。

宣帝詢在位二十五年，以本始四年，鑄二劍，長三尺，一曰毛，二曰貴，以足下有毛，故為之，皆小篆書。

平帝衍在位五年，以元始元年，歲次辛酉，掘得一劍，上有帝名，因服之，大篆書。

王莽在偽位十七年，以建國五年，歲次庚午，造威斗及神劍，皆練五色石為之，名曰神勝萬里伏，小篆書，長三尺六寸。

更始劉聖公在偽位二年，自造一劍，名曰更國，小篆書。

後漢光武秀在位三十三年，未貴時在南陽鄂山得一劍，文曰秀霸，小篆書，帝常服之。

明帝莊在位十八年，以永平元年，歲次戊午，鑄一劍，上作龍形，沉之於洛水中，水清時，常有見之者。

章帝炟在位十三年，以建初八年，鑄一金劍，令投於伊水中，以壓人膝之怪（《水經》云：伊水有一物如人膝，頭有爪，人浴輒沒，不復出）。

安帝祜在位十九年，以元初六年鑄一劍，藏峨眉山，疑山王也。

順帝保在位十九年，以永建元年，鑄一劍，長三尺四寸，銘曰安漢，小篆書，後改年號。

靈帝安在位二十二年，以建寧三年，鑄四劍，文曰中興，一劍無故自失，並小篆書。

魏武帝曹操以建安二十年，於幽谷得一劍，長三尺六寸，上有金字，名曰孟德，王常服之。

齊王芳以正始六年，鑄一劍，常服之，無故自失，但有空匣如故。後有禪代之事，兆始於此，尋為司馬氏所廢。

蜀王劉備，以章武元年，歲次辛丑，採金牛山鐵，鑄八劍，各長三尺六寸，一帝自服，一與太子禪，一與梁王理，一與魯王永。一與諸葛亮，一與關羽，一與張飛，一與趙雲，並是亮書，皆作風角處。

所有令稱元造刀五萬口，皆連環及刃口列七十二煉，柄中通之，兼有二字，房子容曰，唐人尚書郎李章武，本名方古，貞元季年，為東平師李師古判官，因理第掘得一劍，上有章武字方古，博物亞張茂先亦曰，蜀相諸葛孔明所佩劍也，乃改名師古為奏請為章武焉，蓋蜀王八劍之一也。

後主禪延熙二年，造一大劍，長一丈二尺，鎮劍口山，往往人見光輝，後人求之不獲。

吳王孫權，以黃武五年，採武昌銅鐵，作千口劍，萬口刀，各長三尺九寸，刀頭方，皆是南銅越炭作之，文曰大吳，小篆書。又赤烏年中有人得淮陰侯韓信劍帝以賜周瑜。

孫亮以建興二年，鑄一劍，文曰流光，小篆書。

孫皓以建衡元年，鑄一劍，文曰皇帝吳王，小篆書。

晉開帝司馬炎，以咸寧元年，造八千口刀，名曰司馬。

懷帝熾，以永嘉元年，造一劍，長五尺，名曰步光，小篆書。

成帝衍，以咸和元年，造十三口刀，名曰興國。

穆帝聃，以永和五年，於房山造五口劍，銘曰五方單符，隸書。

孝武帝昌明，以大元年，於華山頂埋一劍，名曰神劍，隸書。

宋武帝劉裕，以永初元年，鑄一刀，銘其背曰定國，小篆書，長四尺，後入於梁。

下冊

少帝義符，以景平元年，造一刀，銘曰五色，小篆書。

後廢帝昱，以元徽二年，於蔣山頂造一劍，銘曰永昌，篆書。

順帝準以昇明元年，掘得一刀，銘曰上血，其刀照一室，帝奇之。至二年七月，帝使楊玉候織女，玉候女不得，懼死，用以弒帝，果。如銘故吉凶，其徵先見矣。

齊高帝蕭道成，以建元二年，造□刀，名曰定業，長五尺，篆書自制之。

明帝鸞，以建武二年，造一刀，名曰朝儀，長四尺，小篆書。

梁武帝蕭衍，以天監二年即位，至普通中，歲在庚子，命宏景造神劍十三口，用金銀銅錫鐵五色合為之，長短各依劍術法，文曰，服之者永治四方，並小篆書。

（一）諸小國刀劍總在此

前趙劉淵，以元熙二年，造一刀，長三尺九寸，文曰滅賊，隸書。

後趙石勒，以建平二年，造一刀，用五百金工，用萬人頭尖，長三尺六寸，銘曰建平。隸書，勒未貴時，耕地得一刀，銘曰石氏昌，篆書。

石季龍以建武十四年，造一刀，長五尺，名曰皇帝石氏，隸書。

後蜀李雄以晏平元年，造刀五百口，文曰騰馬，隸書。

前涼張實，造刀百口，無故刀盡失，文曰羈。

後魏昭成帝拓跋犍，以建國元年，於赤治城鑄劍刺刀十口，金鏤赤治字。

道武帝珪，以登國元年，於嵩阿鑄一劍，銘曰鎮山隸書。

明元帝嗣，以泰常元年，造一劍，長四尺，銘背曰太常至真君元年。有道士繼天師白，為帝造劍，長三尺六寸，隸書，因改元真君。

宣武帝恪，以景明元年，於白鹿山造一刀，文曰白鹿，隸書。

前秦苻堅，以甘露四年，造一刀，用五千工，銘曰神術，隸書。

前燕慕容雋，以元璽元年，造二十八口刀，銘曰二十八將，隸書。

後燕慕容垂，以建興元年，造二刀，長七尺，一雄一雌，隸書，若別處之，則鳴。

後秦姚萇，以建初元年，造一刀，銘曰中山，長三尺七寸，隸書。

西秦乞伏國仁，以建義三年，造一刀，銘曰建義，隸書。

後涼呂光，以麟嘉元年，造一刀，名背曰麟嘉，長三尺六寸。

南涼禿髮烏孤，以太初三年，造一刀，狹小，長二尺五寸，青色。匠人曰：當作之時，夢見一人，被朱服，云吾是太一神，來看汝作云。此刀有獻必鳴，後落突厥，可汗所有也。

南燕幕容元明，以建平元年，作刀四口，文曰建平，隸書。

西京李暠，以永建元年，造珠碧刀一口，名曰百勝，隸書。

北涼沮渠蒙遜，以永安三年，造刀百口，銘曰百勝，隸書。

夏州赫連勃勃，以龍昇二年，造五口刀，背刃有龍雀，環兼金鏤，作一龍形，長三尺九寸，名曰古之利器。吳楚湛盧，大夏龍雀，名冠神都，可以懷遠，可以柔邇，如風靡草，威服九區宋王劉裕，破長安，得此刀後入於梁。

（二）吳刀將

周瑜作南郡太守，造一刀，背上有「蕩冠將軍」字，八字書。

蔣欽拜列郡司馬，造一刀，文曰司馬，隸書。

周幼平擊曹公勝，拜平盧將軍，因造一刀，銘背曰幼平。

董元成，少果勇，自打鐵，作一刀後討黃祖於蒙衝河，元成引刀斷衝頭為二流，拜大司馬，號斷蒙刀。

潘文拜偏將軍，為擒關羽，拜固陵太守，因造一刀，銘曰固陵。

朱理君少受征討，黃武中，累功拜安國將軍，作一佩刀，文曰安國。

（三）蜀將刀

關羽為先生所重，不惜身命，自採都山鐵，為二刀，名曰萬人。及羽敗，羽惜刀，投之水中。

張飛初拜新亭侯，自命匠煉赤朱山鐵，為一刀，銘曰新亭侯，蜀大將也。後被范強殺，強將此刀入於吳。

諸葛亮定黔中，從青石祠過，遂抽刀刺山，投刀不拔而去，行人莫測。

黃忠漢先生定南郡，得一刀，赤如血，於漢中擊夏侯軍，一日之中，手刃百數。

（四）魏將刀

鍾會克蜀，於成都土中得一刀，文曰太一，會死。入帳下王伯昇。伯昇後渡江，刀遂飛入水。

鄧艾年十二，曾讀陳太邱碑，碑下掘得一刀，黑如漆，長三尺餘，刀上常有氣淒淒然，時人以為神物。

董卓少時耕野得一刀，無文字，四面隱起，作山雲文，削玉如泥。及卓貴，示五官郎將蔡邕，邕曰此項羽之刀也。

袁紹在黎陽，夢有一神，受一寶刀，及覺，果在臥所，銘曰思召。紹解之曰，思召，紹字也。

郭維於太原得一刀，文曰宜為將，後遂為將軍，及與蜀將戰敗失此刀。

王雙曾於市中，買得一刀。賣人曰：得之者貴。因不看，雙後佩之，為魏將，後與曹真一刀換也。

右陶弘景《刀劍錄》，於吳越名劍，付之闕如。此從《吳越春秋》及《越絕》二書中補之。

（五）吳　劍

吳王闔閭，使干將鑄作名劍二枚。干將者，吳人也，與歐冶子同師，俱能為劍。越前來獻三枚，闔閭而得寶之，以故使劍匠作為二枚，一曰干將，二曰莫耶。莫耶，干將之妻也。

干將作劍，採五山之鐵精六合之金英，候天伺地，陰陽同光，百神臨觀，天氣下下，而金鐵之精不銷淪流。於是干將不知其由，莫耶曰：「子以善為劍，聞於王，使子作劍，三月不成，其有意乎？」干將曰：「吾不知其理也。」莫耶曰：「夫神物之化，須人而成，今夫子作劍，得無得其人，而後成乎？」干將曰：「昔吾師作冶，金鐵之類不銷，夫妻俱入冶爐中，然後成物。至今後世，即山作冶，麻絰服然，經然敢鑄金於山。今吾作劍不變化者，其若斯耶？」莫耶曰：「師知爍身以成物，吾何難哉。」

於是干將妻，乃斷髮剪瓜（點校者：瓜疑為爪）投於爐中，使童男童女三百人，鼓橐裝炭，金鐵刀濡，遂以成劍，陽曰干將，陰曰莫耶；陽作龜文，陰作漫理。干將匿其陽，出其陰而獻之，闔閭甚重。

（六）越劍

越王勾踐有寶劍五，聞於天下。客有能相劍者，名薛燭。王召而問之曰：「吾有寶劍五，請以示之。」

薛燭對曰：「愚理不足以言，大王請，不得已。」乃召掌者，王使取毫曹。薛燭對曰：「毫曹，非寶劍也。夫寶劍，五色並見，莫能相勝，豪曹已擅名矣，非寶劍也。」

王曰：「取巨闕。」

薛燭曰：「非寶劍也。寶劍者，金錫和銅而不離。今巨闕已離矣，非寶劍也。」

王曰：「然巨闕初成之時，告（點校者：告疑為吾）坐於露壇之上，宮人有四駕白鹿而過者，車奔鹿驚，吾引劍而指之，四駕上飛揚，不知其絕階。穿銅釜，紀鐵鑷，胥中決如粢米，故曰巨闕。」

王取純鉤，薛燭聞之，忽如敗。有頃，懼如悟。下階而深惟，簡衣而坐望之。手振拂揚，其華粹如芙蓉始出；觀其釽，爛如列星之行；觀其光，渾渾如水之溢於塘；觀其斷，巖巖如瑣石；觀其才，煥煥如冰釋。「此所純鉤耶？」

王曰：「是也，客有值之者，有市之鄉二，駿馬千匹，千戶之都二，可乎？」

薛燭對曰：「不可。當造此劍之時，赤菫（點校者：菫疑為堇）之山，破而出錫；若耶之溪，涸而出銅；雙（點校者：雙疑為雨）師掃灑，雷公擊橐；蛟龍捧鑪，天帝裝炭；太一下觀，天精下之。歐冶乃因天之精神，悉其伎巧，造為大刑三，小刑二，一曰湛盧，二曰純鉤，三曰勝邪，四曰魚腸，五曰巨闕。」

附錄 八段錦圖說

第一段錦—兩手擎天理三焦

【口令】「焦」「一，二，三，四；二，二，三，四；三，二，三，四；四，二，三，息」。

【操法】令，端正直立，預備。

「一」令，兩臂從左右舉至頭上，十指組握，兩腳跟起，離地寸許。

「二」令，十指仍相組握，兩手掌心向上托，臂肘儘量挺直，同時兩腳跟到不可再提止。

「三」令，十指放開，兩臂從左右垂下，胸部挺出，兩腳跟仍提起不動。

「四」令，頃即腳跟輕輕落地，如是七次，依法或三五次，量力增減。

第二段錦—左右開弓似射鵰

【口令】「鵰」「一，二，三，四；二，二，三，四；三，二，三，四；四，二，三，息」。

【操法】兩腳尖併合。

「一」令，右腳向右踏出一步，或兩腳向左右跳開一步，約二尺餘寬，腳跟勿提起，腳尖正向前，兩腿屈至大腿將平，身體正如騎馬狀。先兩臂平屈在肩前，左手五指放開，第一第二指節彎屈；右手握拳，食指翹起向上。頭略前屈，目注視右手食指。

然後右拳掌心向右，從肩的平行線上，向右緩緩推出，臂也同時伸直；左手握拳，臂肘向左挺，大臂與左肩成平線，左拳正對左肩關節，拳孔向上。頭隨向右轉，目注視右手。

「二」令，兩腿仍作騎馬式。右拳五指張開，第一第二指節彎曲，右臂從右方收回，屈在肩前，左拳食指翹起。頭略向前屈，目注視左手食指。

然後左拳掌心向右，從肩的線上，向左緩緩推出，臂也同時伸直；右手握拳，臂肘向右挺，大臂與右肩成平線，右拳正對右肩關節，拳孔向上。頭隨向左轉，目注視左手食指。

「三」令，與「一」同。

「四」令，與「二」同。

第三段錦—調理脾胃單舉手

【口令】「手」「一，二，三，四；二，二，三，四；三，二，三，四；四，二，三，息」。

【操法】令，右腳收回，靠在左腳旁，或兩腳跳攏立正，腳尖分開。兩臂垂在身的兩旁，手指併緊翹起向前，掌心向下，手指與小臂成一九十度角形，大指貼在大腿旁。

「一」令，右臂從右旁向上高舉，掌心向上，指尖向左。

「二」令，右臂從右下垂，掌心向下，指尖向前；同時左臂從左旁向上高舉，掌心向上，指尖向右。

「三」令，與「一」同。

「四」令，與「二」同。

第四段錦—五勞七傷望後瞧

【口令】「瞧」「一，二，三，四；二，二，三，四；三，二，三，四；四，二，三，息」。

【操法】令，左臂從左旁下垂，兩手掌心貼在大腿之旁。

「一」令，兩肩向後挺，頭徐徐儘量轉向右方，目注視背後。

「二」令，兩肩復還原狀，頭轉向前方，目隨注視前前，還復立正姿勢。

「三」令，與一同，惟頭向左轉。

「四」令，還復立正姿勢。

第五段錦—搖頭擺尾去心火

【口令】「火」「一，二，三，四；二，二，三，四；三，二，三，四；四，二，三，息」。

【操法】令，兩腳尖併合。

「一」令，右腳向右踏出一步，或兩腳向左右跳開，一大步，屈膝作騎馬狀。兩手叉在膝蓋上，虎口向內，右臂屈，肘尖向右壓下，上體及頭向右儘量彎曲，臀部略向左擺去，左臂挺直。

「二」令，兩腿仍作騎馬狀，上體及頭部從右繞向後屈，臀部復原，兩臂挺直。

「三」令，兩腿不動，上體及頭部從後繞向左深屈，臀部向右擺去，左臂屈，肘尖左下壓，右臂挺直。

「四」令，兩腿不動，上體及頭部從左繞向前深屈，兩臂屈，肘尖頂向前。

第六段錦──背後七顛百病消

【口令】「消」「一，二，三，四；二，二，三，四；三，二，三，四；四，二，三，息」。

【操法】令，右腳收回，靠在左腳旁，或兩腳跳攏立正，腳跟腳尖均併緊，兩臂垂在身後，兩手手背伏在臀部的上面，胸挺出。

「一」令，兩膝挺直，頭向上頂，兩腳跟儘量提起至不可再提，旋即還復兩腳跟離地寸許的部位。

「二」令，與「一」同。

「三」令，與「二」同。

「四」令，與「三」同。

第七段錦—攢拳怒目增氣力

【口令】「力」「一，二，三，四；二，二，三，四；三，二，三，四；四，二，三，息」。

【操法】令，兩腳跟輕輕落地，兩手垂在身旁。

「一」令，右腳向右踏一大步，或者兩腳向左右跳開一大步，屈膝作騎馬式。兩手握拳，右拳向右平伸，拳背向上；左臂屈在胸旁，左拳小指邊貼在腰間，肘向後挺。胸挺頸直，怒目虎視前方。

「二」令，兩腿仍作騎馬式。右拳收回腰間，同時左拳向左伸出。目仍虎視前方。

「三」令，左拳收回腰間，同時右拳向前平伸。目仍虎視前方。

「四」令，右拳收回腰間，同時左拳向前平伸。目仍虎視前方。

第八段錦—兩手攀足固腎腰

【口令】「腰」「一，二，三，四；二，二，三，四；三，二，三，四；四，二，三，息」。

【操法】令，右腳收回左腳旁，或兩腳跳攏立正，腳尖分開如人字形。兩臂垂在身旁。

「一」令，上體向前深屈，膝弗屈。兩臂下垂，兩手握住兩腳尖。頭略抬起。

「二」令，休止不動，或者上體再向前下屈。

「三」令，上體由前起向後屈。兩手叉在背後，頭隨體下。

「四」令，休止不動，或者上體再向後屈。

中

本書定價三元四角

編著者　國術研究會
發行人　陳兆椿
印行者　春明書店

總發行所　上海四馬路中畫錦里口春明書店

各省各大書局均有代售

導引養生功

全系列為彩色圖解附教學光碟

張廣德養生著作　每冊定價350元

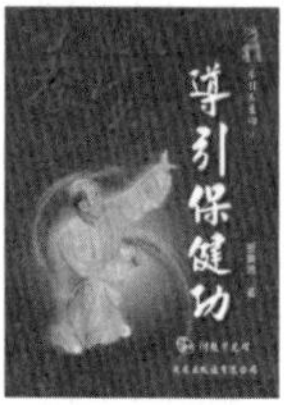

輕鬆學武術

太極跤

歡迎至本公司購買書籍

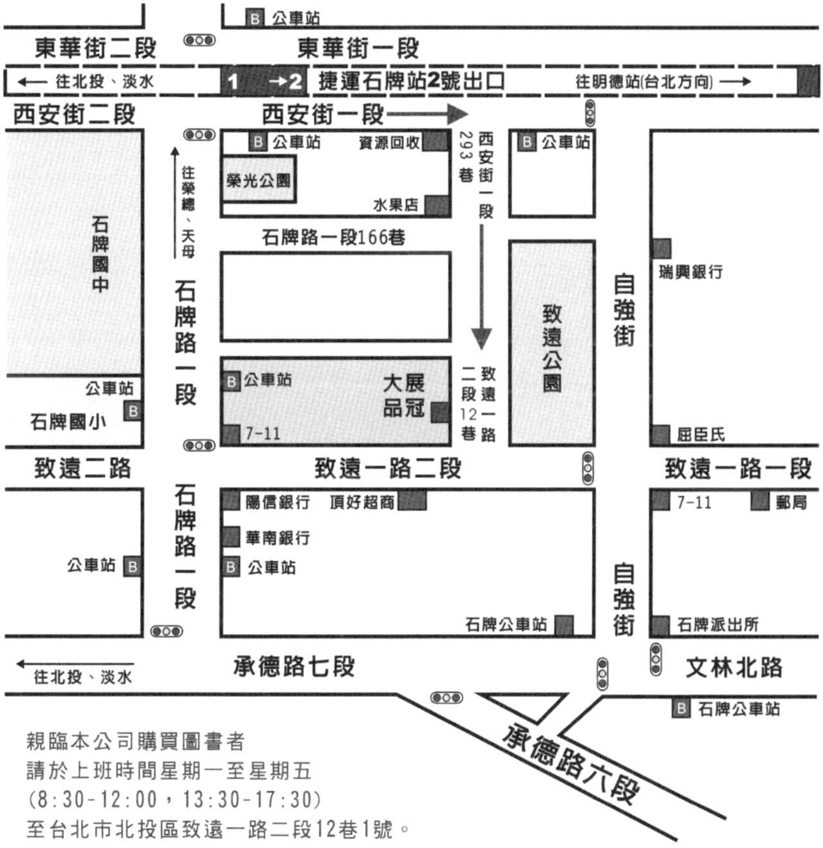

親臨本公司購買圖書者
請於上班時間星期一至星期五
(8:30-12:00，13:30-17:30)
至台北市北投區致遠一路二段12巷1號。

建議路線

1. 搭乘捷運

淡水信義線石牌站下車，由月台上二號出口出站，二號出口出站後靠右邊，沿著捷運高架往台北方向走(往明德站方向)，其街名為西安街，約80公尺後至西安街一段293巷進入(巷口有一公車站牌，站名為自強街口，勿超過紅綠燈)，再步行約200公尺可達本公司，本公司面對致遠公園。

2. 自行開車或騎車

由承德路接石牌路，看到陽信銀行右轉，此條即為致遠一路二段，在遇到自強街(紅綠燈)前的巷子左轉，即可看到本公司招牌。

國家圖書館出版品預行編目資料

拳劍指南／國術研究會　編著
——初版——臺北市，大展，2018[民107.09]
面；21公分——（老拳譜新編；39）
ISBN 978-986-346-221-7（平裝）
1.拳術 2.劍術 3.器械武術
528.97　　107011115

拳 劍 指 南

編 著 者／國術研究會
責任編輯／王　躍　平
發 行 人／蔡　森　明
出 版 者／大展出版社有限公司
社　　址／台北市北投區（石牌）致遠一路2段12巷1號
電　　話／（02）28236031・2巷8236033・28233123
傳　　真／（02）28272069
郵政劃撥／01669551
網　　址／www.dah-jaan.com.tw
E-mail／service@dah-jaan.com.tw
登 記 證／局版臺業字第2171號
承 印 者／傳興印刷有限公司
裝　　訂／眾友企業公司
排 版 者／千兵企業有限公司
授 權 者／山西科學技術出版社
初版1刷／2018年（民107）9月

定　價／230元

大展好書　好書大展
品嘗好書　冠群可期

大展好書　好書大展
品嘗好書　冠群可期